2021年广东省纪律教育学习月活动系列读本

廉润南粤

广东省纪委监委宣传部　编

图书在版编目（CIP）数据

廉润南粤 / 广东省纪委监委宣传部编. -- 广州 : 南方日报出版社，2021.6（2021.7 重印）

ISBN 978-7-5491-2388-9

Ⅰ. ①廉… Ⅱ. ①广… Ⅲ. ①廉政建设－文化研究－广东－古代②历史人物－生平事迹－广东－古代 Ⅳ. ①D691.49②K820.865

中国版本图书馆 CIP 数据核字(2021)第 106521 号

LIAN RUN NANYUE
廉润南粤

编　　者：广东省纪委监委宣传部
出版发行：南方日报出版社
地　　址：广州市广州大道中 289 号
出 版 人：周山丹
责任编辑：刘志一　李　哲
特约编辑：郭　珊　黄楚旋
装帧设计：肖晓文
责任校对：阮昌汉　魏智宏
责任技编：王　兰
经　　销：全国新华书店
印　　刷：广东信源彩色印务有限公司
开　　本：889mm×1194mm　1/16
印　　张：13
字　　数：140 千字
版　　次：2021 年 6 月第 1 版
印　　次：2021 年 7 月第 2 次印刷
定　　价：28.00 元

投稿热线：（020）87360640　读者热线：（020）87363865

发现印装质量问题，影响阅读，请与承印厂联系调换。

前　言

习近平总书记指出，中华优秀传统文化是中华民族的精神命脉，是涵养社会主义核心价值观的重要源泉，也是我们在世界文化激荡中站稳脚跟的坚实根基。

源远流长的岭南文化，是中华优秀传统文化的重要组成部分。广东作为岭南文化的中心地、古代海上丝绸之路的发祥地，自汉、晋、唐、宋、元、明、清至近代，陆续涌现出一批品行高洁、克己奉公、不谋私利的清官廉吏，他们刚直廉明、两袖清风，传下一段段美谈佳话被人们久久赞颂，留下一处处遗迹旧址吹拂着习习清风，如：汉代“岭南最古学人”杨孚，提出“吏治必务廉平”，留下开化岭南的卓然政声；唐朝“百代之师”韩愈利居众后，责在人先，为岭南百姓修堤凿渠、振兴文教；北宋周敦颐“以洗冤泽物为己任”，不因位居卑微而渎职丧志，为造福一方而殚精竭虑；清代“禁烟英雄”林则徐不畏权势，不假情面，践行着“十无益”的处世原则……

为传承弘扬好南粤先贤留给我们的宝贵精神财富，用思想的力量、文化的力量涵养培育新时代新征程的新风正气，使廉洁文化成为不想腐的深厚底蕴，我们选取历史上24位生长于广东或曾于广东任职的比较有代表性的清官廉吏，系统梳理他们勤政爱民、廉洁奉公的典型事迹、史籍记载、后人评说，深入挖掘广东深厚廉洁文化的时代内涵，旨在让广大读者在品读过程中感受沁人清风，在以史鉴今中汲取精神滋养，在正心修身中传承廉洁基因，共同营造崇廉尚洁的社会氛围，让新风正气充盈广东大地。

本书编写组

2021年6月

目　录

公道为民

勤勉务实

清廉持俭

正直刚肃

道为民

西汉思想家、文学家刘安主持编写的《淮南子·修务训》中指出：『公正无私，一言而万民齐。』意为执政者若为政公道无私，则只须发一言便能使千万民众团结一致、齐心奋斗。为官处事只有坚守磊落坦荡的公心，将权力最大程度地用在为民办事上，做到真正的大公无私、公道正派，才能长久保有民心拥戴。

巾帼英杰冼夫人 身事三主一心淳

冼夫人（约512或525—约602），高凉郡（今广东茂名、阳江一带）人，嫁与梁高凉太守冯宝，南北朝时期政治家、军事家、社会活动家，史称“谯国夫人”。她一生审时度势，顺应潮流，历经梁、陈、隋三朝，致力于维护国家统一、促进民族团结，功勋卓著，先后被七朝君王敕封，被尊称为“岭南圣母”。去世后被追谥为“诚敬夫人”，《隋书》《北史》《资治通鉴》均为她立传。

冼夫人铜像（刘武基　摄）

她功勋卓著，先后被七朝君王敕封，被百姓尊称为“岭南圣母”；她忠义为国，被周恩来总理高度评价为“中国巾帼英雄第一人”。她就是致力维护国家统一，促进民族团结，发展岭南经济的爱国女英雄——冼夫人。

冼夫人，南北朝时期高凉郡人，著名的政治家、军事家、社会活动家，家族世代为俚族部落首领，其嫁给当时的梁高凉太守冯宝后，成为俚汉融合的典范。她的事迹不仅见诸《隋书》《北史》《资治通鉴》和许多方志，千百年来，也一直在岭南大地口耳相传。

跨越历史的长河，一名少数民族女性何以享有如此高的声望，乃至成为岭南地区民俗信仰的崇拜对象？回溯冼夫人为国为民的一生，我们就能找到答案。

推行仁政　不徇私情

南朝梁天监十一年（512年，一说南朝梁普通六年，即525年），冼夫人出生在高凉郡一个统领十余万户的南越俚族部落首领家庭（位于今广东茂名电白）。当时的中国动荡不安，年幼的冼夫人目睹战乱所带来的苦难与灾祸，从小就萌生了推动国家统一、增进民族融洽的愿望。

冼夫人虽贵为地位显赫的首领千金，却作风朴素，不爱穿金戴玉。她自幼聪慧，多谋善断，且亲近百姓，关心人民疾苦，年纪轻轻就能将俚人部众团结在身边。虽为女子，冼夫人却习得一身好武艺，尚未出阁时，已成为一名能行军布阵的青年女首领（参见《隋书·谯国夫人传》、崔翼周《诚敬夫人庙碑铭》）。

冼夫人崇尚儒家典籍中忠孝仁政等思想观念，并将其充分运用在治理实践中。南北朝时期，岭南偏远的俚、僚等族群聚居区仍保持着相对落后的生产方式和生活习俗，史载“俗好相杀，多构仇怨”（《隋书·地理志》）。在此背景下，冼夫人以仁爱为施政原则，废除愚昧习俗，致力于消除部族之间的积怨与矛盾，自此“信义结于本乡”。

为了更好地促进汉越民族团结和文化融合，南朝梁大同元年（535年），冼氏家族接受罗州（今广东化州）刺史冯融的礼聘，冼夫人与冯融之子、高凉太守冯宝结为夫妻，迈出南方越人与汉人融合的第一步。

冯氏一族虽是北燕皇族之后，且累世任州郡长官，却因是外来汉人，得不到当地俚族的认同，致使朝廷政令难以在当地推行。而冼夫人与冯宝结为

位于茂名市电白区的娘娘庙（曾群芳　供图）

夫妻后，凭借自己既是越人首领又是汉人媳妇的身份，积极协助夫君推广朝廷法令、处理诉讼纷争、传播礼教文化。

秉公持正，是推行仁政的应有之义。哪怕是俚族首领犯法，冼夫人也一视同仁，依法惩办。她的兄长冼挺身为州刺史，倚仗权势，大肆掠夺其他州县，岭表一带深受其苦。对此，冼夫人不徇私情，苦口婆心反复劝谏兄长，最终使冼挺转变态度，不再将个人私欲凌驾于法律权威之上，为各部族遵守法律作出榜样。此后，各郡怨声逐渐平息，政令得以有序实施，境内稳定安宁，冼夫人由此声名远扬，闻风归附者络绎不绝。

是非分明　忠义为国

在群雄争霸、战争频繁的年代，地方豪酋往往拥兵自重，大肆在所属辖境奴役百姓、搜刮财富，不断扩张个人势力。

与之相反，兼具才能、威望和军力的冼夫人，却始终以百姓福祉、国家利益为出发点，竭力追求和平、为民谋利。海南诸越族归附后，冼夫人多次渡海，亲自对部族首领进行考察授职，说服俚人长老真心拥护朝廷，最终成功在海南建置崖州，结束海南近六百年动荡不定的局面（明正德《琼台志》）。

冼夫人还与地方分裂割据势力进行不懈斗争，镇抚百越，保境安民。南朝梁末年，战火四起，高州刺史李迁仕趁机北上扩张地盘，企图用计诱骗冯宝一同谋反。冼夫人识破其诡计，劝告丈夫不要介入分裂国家的活动。数日后，李迁仕果然原形毕露。冼夫人遂独自率领精兵千余，假扮成挑担民夫，以送礼为名，一举攻破李迁仕大军。

面对大是大非，冼夫人立场坚定，哪怕涉及自己的亲骨肉，也坚决不受威逼、不行偏袒之事。南朝陈太建元年（569年），广州刺史欧阳纥发动兵变，企图以冼夫人之子冯仆作为人质，要挟她协同作乱。对此，冼夫人断然拒绝，她表示："我为忠贞，经今两代，不能惜汝（冯仆）辄负国家。"随后，冼夫人又召集各部落酋长，与陈军合力击败欧阳纥的割据势力。

冼夫人一生效力于南朝梁、南朝陈、隋三朝，她"深识正理"，精察善断，每每在历史转折的重要节点上，她都能以民族大义为重，作出正确抉

冼夫人故里门阙

择。南朝梁末年，梁武帝疏于朝政，痴迷礼佛，还宠信野心勃勃的奸臣侯景，最终引发“侯景之乱”。而冼夫人在协助朝廷平定叛乱时，曾与陈霸先（即后来的陈武帝）会师。她敏锐地发觉陈霸先不仅拥有雄才伟略，而且为人仁厚、崇尚俭朴、“极得众心”，于是为其提供了大量物资援助。后来的历史也证实了冼夫人的远见卓识——陈武帝在位三年，任贤使能，政治清明，江南局势渐趋稳定。

南朝陈最后一个君主——陈后主陈叔宝在位之际，沉湎酒色，重用佞臣，导致贪污腐败、卖官鬻爵、排斥异己之风盛行，老百姓怨声载道，国力日渐衰微。而当时的隋文帝杨坚却励精图治，积极谋求富国强兵之道。因而在隋朝灭陈以后，冼夫人派孙子冯魂率兵归化于隋朝。

惩治贪暴　老而弥坚

冼夫人的命运是坎坷的，她的丈夫、儿子先后因病逝世，但家庭变故从未将她打倒，她总是迅速地从悲恸中振作，担起大任，运筹帷幄，为保障粤西局势稳定，避免族人遭受战乱之苦而倾尽心力。

隋仁寿元年（601年），番州（今广东广州）总管赵讷贪财暴虐、收受贿赂，对少数民族极尽横征暴敛之能事，当地俚僚百姓不堪忍受，纷纷逃亡他乡或揭竿反抗。

此时冼夫人虽年事已高，仍挺身而出，她首先搜集赵讷贪污暴政的证据，写成奏疏，如实向朝廷禀报；再派遣专人前往当时的首都大兴（今陕西西安），历数赵讷罪状，并向朝廷提出安抚逃亡民众、管制岭南的对策。冼夫人指出，倘若放任赵讷贪赃枉法，长此以往恐危及朝廷政权。

隋文帝随即派人到岭南调查，果然查出大批赃物，赵讷因此被处以死刑。同时，朝廷又下敕令，委派冼夫人“招慰亡叛”。面对这一重任，冼夫人不辱使命，持诏书巡遍岭南十余州，向逃亡在外的民众宣谕圣旨，所到之处，反叛者纷纷降顺，逃亡者也返归故土。

冼夫人在世时，曾获得不少赏赐，但她依然穿着朴素，日常服饰仅为本地产的麻衣。至于三朝所赐之物，她则“盛于金箧”，小心贮藏在不同的仓库里。逢年过节、亲族聚会时，她就把这些受赐之物取出，陈列在庭院中，教导子孙们要心怀百姓、忠于国家、艰苦朴素，唯尽职尽责者，方能获得朝廷的认可。

仁寿二年（602年），冼夫人以高龄逝世。“我事三代主，唯用一好心。”这是冼夫人最为人熟知的名言。秉持着一腔“好心”，冼夫人在朝代更替、艰难困苦之中，力拒割据，护国安民，促进民族团结，助力国家统一。为感念冼夫人为南粤各族人民立下的汗马功劳，由粤西到海南，民间建造了大量冼太庙、冼夫人庙，每年到了农历十一月廿四日，茂名、湛江等地的百姓都会用醒狮表演、粤剧演出、彩车巡游等方式，表达对这位“岭南圣母”的敬仰与崇拜。

评说冼夫人

“冼氏亲被甲，乘介马，张锦伞，引彀骑卫，从裴矩巡抚二十余州。”寥寥二十余字，冼夫人飒爽英姿的形象跃然纸上，后人赋予她“中国巾帼英雄第一人”的美誉。

而冼夫人之所以为后世所纪念，首先在于她的国家观。她不像秦末的龙川令赵佗，中原易主，“佗即击并桂林、象郡，自立为南越武王”。实际上赵佗是称帝，建立了南越国，定都番禺（今广州），是为南越武帝。1983年，广州市区象岗山发现了第二代南越王墓，那枚“文帝行玺”金印道得分明：第二代南越王仍然自称皇帝。冼夫人并不是没有赵佗那种立国的资本。《北史》载，其家族“世为南越首领，部落十余万家”，且有“海南儋耳归附者千余洞”，表明其家族具有相当的割据实力。丈夫冯宝死后，“岭表大乱，夫人怀集百越，数州晏然”，表明冼夫人自身具有相当的号召力。“陈国亡，岭南未有所附，数郡共奉夫人，号为圣母”，表明冼夫人还有恰当的割据时机。但是，她没有。他们本来听命于南朝的陈国，“晋王广遣陈主遗夫人书，谕以国亡，命其归化，并以犀杖及兵符为信”。在确认陈朝确实已经灭亡之后，冼夫人先“集首领数千人，尽日恸哭”，然后派孙子冯魂前去迎接隋朝官军。

国家观是冼夫人的大节，相对而言，她的廉政观历史并无明确记载，但是从《隋书》所载的她上书惩办贪官一事中，却也不难窥见一二。“时番州总管赵讷贪虐，诸俚獠多有亡叛”，鉴于此，冼夫人派人密奏朝廷，“论安抚之宜，并言讷罪状，不可以招怀远人”，这样的官员是完全不称职的。朝廷调查结果，“得其（赵讷）赃贿，竟致于法”。冼夫人此举诚然仍是从安定团结的角度出发，但其对贪官嫉恶如仇的一面也尽显无遗。

宋人洪天锡说：“在廷无严惮之士，何以寝奸谋？遇事无敢诤之臣，何以临大节？”后半句用到冼夫人身上，恰如其分。

【史鉴】

及宝卒，岭表大乱，夫人怀集百越，数州晏然。至陈永定二年，其子仆年九岁，遣帅诸首领朝于丹阳，起家拜阳春郡守。后广州刺史欧阳纥谋反，召仆至高安，诱与为乱。仆遣使归告夫人，夫人曰："我为忠贞，经今两代，不能惜汝辄负国家。"遂发兵拒境，帅百越酋长迎章昭达。内外逼之，纥徒溃散。仆以夫人之功，封信都侯，加平越中郎将，转石龙太守。诏使持节册夫人为中郎将、石龙太夫人，赍绣幰油络驷马安车一乘，给鼓吹一部，并麾幢旌节，其卤簿一如刺史之仪。至德中，仆卒。后遇陈国亡，岭南未有所附，数郡共奉夫人，号为圣母，保境安民。

——唐·魏徵等《隋书·谯国夫人传》

【诗鉴】

冯冼古烈妇，翁媪国于兹。
策勋梁武后，开府隋文时。
三世更险易，一心无磷缁。
锦伞平积乱，犀渠破余疑。

——北宋·苏轼《和陶拟古九首　其五》（节选）

刺史召，君勿行；妾不知兵，能知刺史情。
刺史反，君勿战；妾先请战，归与君相见。
吁嗟！高凉娶妇得妇力，不见刺史但见贼。
太原亦有娘子军，谁道军中无妇人？

——明·李东阳《古乐府·为谯国夫人而作》

不平则鸣韩退之 治潮赢得百代师

韩愈（768—824），字退之，自称“郡望昌黎”，世称“韩昌黎”“昌黎先生”，河南河阳（今河南孟州）人，唐代官员、文学家、思想家、哲学家。历任节度推官、监察御史、吏部侍郎等职，曾任广东阳山县令、潮州刺史，勤政重教，有口皆碑。韩愈是唐代古文运动的倡导者，被后人尊为“唐宋八大家”之首，有“文章巨公”和“百代文宗”之名。

韩愈文化公园中的韩愈像

唐贞元十九年（803年）夏，都城长安（今陕西西安）所在的关中地区大旱，大批灾民流离乞讨，饿殍遍地。负责京畿地区治理的京兆尹李实却瞒报灾情，谎称当年粮食丰收，百姓生活安定。

同年岁末，一封《论天旱人饥状》将真相公之于众。文中痛陈灾情之严重、民生之艰难，请求朝廷减免赋税。此文的作者、时任监察御史的韩愈，却因此反遭谗害，被降为连州阳山县令。

就在前一年，在求仕之路上饱尝挫败的韩愈，三十四岁才在京城谋得第一个正式职位。尔后，他升任监察御史，在唐代的中央监察机构——御史台做了还不到一年即被外放。然而，他屡遭贬谪、磨难重重的仕途才刚刚开始。

韩愈，字退之，河南河阳（今河南孟州）人，世称“昌黎先生”。在许多人心目中，他是“文起八代之衰”的辞章巨公、唐代古文运动的倡导者，也是正师道、弘儒学、从祀孔庙的百代之师。

其实，他还是一位以“兼济天下”为己任、恪尽职守的正直人臣。在广东阳山、潮州，韩愈勤政恤民、兴师重教的事迹有口皆碑，特别是他任潮州刺史仅半年多时间，却留下了“赢得江山都姓韩”（赵朴初《访韩文公祠口占》）的吏治佳话。他的生平为我们今天管窥古代杰出知识分子的精神世界与廉政文化的渊薮，提供了一个耐人回味的典型案例。

愈挫愈勇　阳山奋起

贞元二十年（804年）春，韩愈冒着风雪，经过两个多月的长途跋涉，终于抵达距离长安四千里外的阳山县就职。

这并非他第一次来到遥远的岭南。韩愈父母早亡，他幼年随长兄韩会南谪至韶州（今广东韶关）。不久，韩会病逝于此。而阳山在韶州西南，山川险峻、荒凉闭塞、终年炎瘴的环境，令初来乍到的韩愈深感不适，更加深了他“待罪于斯”的黯淡心境。他在《送区册序》中称，“阳山，天下之穷处也”，“县廓无居民，官无丞尉”。因言语不通，他只能“画地为字”与人交流，展开征收租赋等工作。

在最初惊惶、愁闷的心绪渐渐平复之后，他写下《县斋有怀》一诗，回顾了自己科场蹭蹬、怀才不遇的前半生。

“少小尚奇伟，平生足悲吒。”韩会去世后，韩愈由寡嫂艰难抚养成人，生活贫苦而颠沛。韩愈“七岁而读书，十三而能文”（《与凤翔邢尚书书》），早慧的敏感，使得他从小便立志通过发愤读书出人头地。在《上宰相书》《五箴》等作品中，他提到年少时求学心切，每日“鸡鸣而起”“蚤（通‘早’）夜以孜孜”。《进学解》中的“口不绝吟于六艺之文，手不停披于百家之编”“焚膏油以继晷，恒兀兀以穷年”，正是他自身勤奋用功的写照。

年轻气盛的韩愈满心期待着在考场上“一战而霸”，可惜出师不利。贞元三年至五年（787—789年），他三次参加进士科考试连续落第，直到第四次入闱才顺利上榜；随后又三次参加“博学宏词科”考试，均铩羽而归。

韩愈三次上书当朝宰相赵憬，望得其赏识，结果不但杳无音讯，反而惹来“躁进”“汲汲于功名”的非议。“蹉跎颜遂低，摧折气愈下。”心灰意冷之余，加之迫于生计，韩愈无奈于贞元十一年（795年）离开长安，两度入地方节度使幕僚。但他从未放弃治国平天下的理想，贞元十七年（801年），第四次投考终于通过铨选，次年被任命为国子监四门博士。

在阳山令任上，尽管韩愈在诗文中时常流露出归隐山林之念，但并未因个人际遇的失意而消极怠政。明代冯大受在《祭韩文公》中有云："百粤归化，肇自韩年……人诵诗书，家安衽席。横悍渐消，心面咸革。"清代万承风在《谒韩文公祠即次公〈衙斋有怀〉韵并寄王明府》中，将韩愈对阳山的贡献归为两个方面：一是普及耕作技术，劝课农桑；二是传播中原文明，移风易俗，使得过去"户不闻诗书"的落后山区，呈现出"入耳有弦歌"的文雅之象。

如今，阳山不仅拥有贤令山、韩公祠、韩山书院等众多相关人文遗迹，更存有韩愈手书的"鸢飞鱼跃"摩崖石刻、《远览》诗刻、《千岩表》题字等珍贵文物。这些都是韩愈在阳山致力开化、深受百姓爱戴的鲜活见证。

仗义执言　再遭南贬

韩愈在阳山的积极有为，除了源于百折不挠的个性，更与其鞠躬尽瘁的从政理念密切相关。

韩愈在《圬者王承福传》中，借圬者（泥瓦匠）之口指出，百官无论官职高低，都应"惟其所能"，竭力做好本职工作，正如器皿的大小形状不一，是为了各尽其用。若"食焉而怠其事"，光拿俸禄却不作为，则必有灾殃。

在《争臣论》（又名《诤臣论》）里，他批评谏议大夫阳城在职五年对朝政国事从不表态，绝非"有道之士"的表现。在他看来，"君子居其位，则思死其官"，身为官员理当"孜孜矻矻，死而后已"，如不称职就该被弃用，让位给拥有真才实干且愿意为国家效力的人。

后来，在《进学解》中他又进一步阐明了自己的人才观：为政者宜以公正廉明为标准任贤选能，量才授官，以达到各适其位之目的；在"俱收并蓄"的同时，还要对其"刮垢磨光"，注重后续的培养和造就。

《旧唐书》评价韩愈："发言真率，无所畏避，操行坚正，拙于世务。"写《争臣论》时，韩愈尚未出仕，仍是一介布衣书生，却敢于公开著述抨击朝中高官，显示出不惧权贵、仗义执言的非凡胆识。

在国子监任职期间，他有感于当时长安朝野"耻学于师"的陋习，又作《师说》加以批驳，捍卫师道尊严，气壮辞直，如激流出峡，造成极大震动。

事实上，韩愈很早就意识到，"尽言以招人过"（毫不避讳地指责他人过失）可能会惹祸上身，被贬阳山的无妄之灾，也让他清楚地意识到"人情

韩文公祠（潮州市委宣传部 供图）

忌殊异，世路多权诈”，但却并未因此变得“明哲保身”。

元和元年（806年）夏回到长安之后，韩愈历任国子博士、都官员外郎、史馆修撰、中书舍人等职，时有迁降，浮沉不定。他曾因反对宦官包庇东都洛阳的僧道信徒蔑视法纪、胡作非为，与宦官集团结怨；任河南令时，为阻止地方部队暗中蓄养兵力、意图不轨，韩愈又陷入与藩镇势力的斗争之中。

任史馆修撰时，韩愈还曾受命参与编写《顺宗实录》，因据实记录德宗、顺宗在位时期诸多弊政内幕，“忠良奸佞，莫不备书”，最终朝廷多次下令派人“刊正”。

元和十四年（819年）正月，沉迷佛道的宪宗派使者前往凤翔，恭迎佛骨舍利于宫内供养，此举引得王公士庶趋之若鹜，长安崇佛风潮盛极一时，甚至有民众为求功德，不惜“废业破产、烧顶灼臂”。

时任刑部侍郎的韩愈作《论佛骨表》，列举前朝帝王因佞佛而得祸的教训，痛陈迎佛骨之荒谬，甚至呼吁将佛骨“投诸水火，永绝根本”！宪宗读后大怒，险些下令处死韩愈，幸得宰相裴度等大臣说情，乃改判潮州刺史。

利居众后　责在人先

“一封朝奏九重天，夕贬潮州路八千。欲为圣明除弊事，肯将衰朽惜残年！云横秦岭家何在？雪拥蓝关马不前。知汝远来应有意，好收吾骨瘴江边。”元和十四年（819年）正月，韩愈被迫离开长安赶赴潮州。不久，其家眷也被逐出京城，幼女不幸病夭。在经由蓝关古道翻越秦岭时，遇上大雪，他怀着满腔的悲愤，写下这首著名的《左迁至蓝关示侄孙湘》。

冰天雪地，长路漫漫，万里飘零，韩愈深深感受到世事的无常与彻骨的寒意；南下途中，他又在《泷吏》等诗作中描述了涨海连天、毒雾不绝、飓风频繁、鳄鱼出没等景象，时时胆战心惊。

此时的韩愈已经步入“五十而知天命”的阶段，出现发白齿落的衰老迹象。一方面，他做好了来日无多的心理准备；另一方面，他亦不复初至阳山时那般恐慌无措，人格与诗文，皆因惯于风霜而臻于成熟，久经忧患而愈见沉雄。

《旧唐书》本传载，当年三月底，韩愈甫到潮州，便四处访农问稼，了解民生疾苦。得知鳄鱼成灾、食民牲畜之后，他于四月在“恶溪”渡口举行仪式，以一纸《祭鳄鱼文》，显示了驱逐鳄患的决心和厚生爱民的思想。

另据潮州《海阳县志》及民间传说，韩愈曾在当地修堤凿渠。但他最为人称颂的，无疑是延师建学、振兴文教之功。韩愈在《潮州请置乡校牒》中提到，自愿捐出俸禄，“以给学生厨馔（改善伙食）”。

广州刺史兼御史大夫、岭南节度使孔戣考虑到“州小俸薄”，特别从“送使钱”（接待经费）中，批给韩愈每月五十千的“别给钱”作为生活补贴。韩愈特意献上一篇《潮州谢孔大夫状》婉言谢绝，称身衣口食皆已足用，“积之于室，非廉者所为；受之于官，名且不正”。

在韩愈的政令推动及名望感召之下，潮州逐渐文运弘开，礼乐昌隆。据清乾隆年间《潮州府志》，潮州进士及第人数，从唐代寥寥数人增至宋代一百余人。北宋咸平年间，潮州通判陈尧佐主持修建了全国首个韩文公祠，又赠给潮州“海滨邹鲁”的美名，被沿用至今。

从宋代开始，潮州人民便把韩愈驱鳄的“恶溪”改称为“韩江”，他登临过的“东山”（笔架山）则易名为“韩山”。潮州市内现今还有昌黎路及“昌黎旧治”牌坊等文化地标，在历代“潮州八景”中，“韩祠橡木”“鳄渡秋风”等都与韩愈有关。

元和十四年（819年）十月底，韩愈获得大赦，移任袁州（今江西宜春）刺史，到任后，继续施行仁政，大举赎放奴婢。元和十五年（820年）底，韩愈返回京师，官至吏部侍郎等职。任京兆尹期间，慑于韩愈当年敢烧佛骨的声威，都城治安井然，物价稳定，六军整肃（参见《资治通鉴•唐纪五十九》）。

病逝前两年，韩愈以宣慰使身份，孤身犯险，深入镇州，动之以情，晓之以理，不费一兵一卒，平息兵变。这就是苏轼在《潮州韩文公庙碑》中说他“勇夺三军之帅”的由来。

韩愈的一生是言说不尽的。他心怀国运苍生，虽以“退之”为字，却一次次在逆境中奋发进取、“行且不息”；他的担当和赤诚未曾在崎岖的命途上消磨殆尽，反而成为他对抗时运多舛的内心火种，在人生的至暗时刻爆发出耀世之光。

不仅如此，“不平则鸣”的文学主张，与其政治生涯当中刺举不法、坚决抗争的勇气相互呼应；而在潮州，他不计得失、甘于奉献的清廉品行，正是他在《送穷文》中所言“利居众后，责在人先”的生动体现。

作为传统儒家士大夫，韩愈的“救世”之梦，初衷是为了“致君尧舜”，服务于封建统治，不可避免地带有时代局限性。对此，我们应当去芜存菁，取其可贵之处予以弘扬，为今日营造风清气正的廉洁社会氛围提供强大的精神助力。

评说韩愈

如果从唐朝及以前的文人中推选一名最富有的，《旧唐书》说了，应该是李邕，所谓“自古鬻文获财，未有如邕者”。而紧随其后或与之齐名的，该是韩愈。昌黎先生也是为文“必索润笔”，他的门生刘乂对老师有“谀墓”之讥，知道老师为了钱，给认识或不认识的人写了太多的墓志铭。

但这充其量只是韩愈的小节，大节比如廉洁问题上他的头脑就很清醒。其《潮州谢孔大夫状》可为一例。孔戣以韩愈“贬授刺史，特加优礼，以州小俸薄，虑有阙乏，每月别给钱五十千”，但韩愈觉得家属还没来，这地方又没什么朋友可招待，自家俸禄就已经够了，孔戣这些钱“实无所用”，关键是，

“积之于室，非廉者所为；受之于官，名且不正”。这就表明，韩愈对钱虽然看得很重，但对名不正的财却看得很轻，“君子爱财，取之有道”。

如何杜绝官员的贪腐，世世代代议论不休。要贪的无非是钱财，所以“药方”往往在“俸禄”上打主意。比如明朝宣宗时孔有谅提出过“量增官俸”，以为“重加旌赏”廉洁之士，就可以使“贪者知戒”；英宗时陈泰又提出过“量增禄廪，俾足养廉”，以为厚禄则“贪风自息”。出发点都是要“养廉”，通过“养”来使官员奉公守法。他们的建议都没有得到采纳。不难想见，用在韩愈这种修养很高的人身上，大抵可以行得通，但是换了另外一种人，就只能说是理想化。“和珅跌倒，嘉庆吃饱”，怎样的厚禄才能满足如此胃口？

官员廉洁从政，“伸手必被捉”尤其必要；同样必要的，还有如韩愈这样对公私界域的把握。公私之间，隔着鸿沟一道。

［史鉴］

愈性弘通，与人交，荣悴不易。少时与洛阳人孟郊、东郡人张籍友善。二人名位未振，愈不避寒暑，称荐于公卿间，而籍终成科第，荣于禄仕。后虽通贵，每退公之隙，则相与谈宴，论文赋诗，如平昔焉。而观诸权门豪士，如仆隶焉，瞪然不顾。而颇能诱厉后进，馆之者十六七，虽晨炊不给，怡然不介意。大抵以兴起名教弘奖仁义为事。凡嫁内外及友朋孤女仅十人。

——后晋·刘昫等《旧唐书·韩愈传》

［诗鉴］

文起八代之衰，而道济天下之溺；
忠犯人主之怒，而勇夺三军之帅。

——北宋·苏轼《潮州韩文公庙碑》（节选）

排斥异端尊孔孟，推原人性胜荀杨。
平生胆气尤奇伟，何止文章日月光。

——南宋·徐钧《韩愈》

中唐诗豪刘禹锡 功利存民扬清气

刘禹锡（772—842），字梦得，洛阳（今河南洛阳）人，唐朝文学家、哲学家，有“诗豪”之称。贞元九年（793年）进士及第，官至监察御史。元和九年至十四年（814—819年）任连州刺史，清廉守正，兴学重教，秉持“功利存乎人民”的为政准则，深得人民爱戴。所著千古名篇《陋室铭》是其高洁心志的写照。

清远连州市刘禹锡纪念馆内的刘禹锡像（黄津 摄）

“沉舟侧畔千帆过，病树前头万木春”（《酬乐天扬州初逢席上见赠》）、“晴空一鹤排云上，便引诗情到碧霄”（《秋词》）、“旧时王谢堂前燕，飞入寻常百姓家”（《乌衣巷》）……喜欢古典诗词的人，对中唐“诗豪”刘禹锡及其作品一定不会陌生。

刘禹锡，字梦得，祖籍河南洛阳，中唐时期著名的文学家、哲学家、政治家，是继盛唐之后唐诗又一高峰——“元和诗坛”的杰出代表。“永贞革新”失败后，刘禹锡频遭打压，命途蹇塞，屡屡因诗文获罪，使得“满朝官职独蹉跎”（白居易《醉赠刘二十八使君》），他为官数十年，大部分是在迁谪远州、郁悒失志中度过的。但他性格刚毅、超迈，无论流徙何处，均积极履职，或赈饥救灾、免赋减役，或兴教重学、济世安民。

值得注意的是，刘禹锡还在多年的基层治理经验基础上，总结出了一套吏治思想，如“忧国不谋身”“人之道在法制”等。在广东连州，他更是提出了响彻古今的施政箴言——“功利存乎人民”，焕发出历久弥新的光彩。

推崇法制 奖善惩恶

刘禹锡出生于一个原籍中原的江南基层官吏家庭，“家本儒素，业在艺文”（《夔州谢上表》）。唐代文学家权德舆在《送刘秀才登科后侍从赴东京觐省序》中回忆，刘禹锡自幼学习儒家经典，装束举止“恭敬详雅，异乎其伦”。而据刘禹锡自述，孩童时他曾在诗僧皎然、灵澈吟咏时作陪，“皆曰孺子可教”（《澈上人文集序》）。

贞元九年（793年），21岁的刘禹锡第一次参加科举便进士及第，同年登博学宏词科，两年后再登吏部取士科，授太子校书。随后，他被淮南节度使、史学家、《通典》作者杜佑招至幕中，司掌文书工作。802年调补京兆府渭南县主簿，803年迁任监察御史。

刘禹锡的青年时代可谓是春风得意，前程似锦，尤为太子侍读王叔文所赏识，“以宰相器待之”（参见《旧唐书》）。与安史之乱后的许多文人一样，他盼望着凭一己才干力挽狂澜，扫除弊政，实现国家中兴。在《华山歌》中，他以“五岳”之一的华山自喻，抒发了“丈夫无特达（突出的功业），虽贵犹碌碌”的壮志豪情。

正在此时，一场激流暗涌、危机四伏的宫廷政变悄然袭来。805年，太子李诵正式即位（即唐顺宗）之后，以东宫重臣王叔文、王伾为首的改革派发起“永贞革新”，惩办贪官酷吏，抑制藩镇势力，削夺宦官实权。

最终，宦官大臣俱文珍等人密谋逼迫顺宗“禅位”，拥立太子李纯（即后来的唐宪宗），新政仅持续了一百多天便宣告失败，革新派遭到大规模的迫害报复。王叔文被诛，王伾病卒，包括刘禹锡、柳宗元在内的八位核心参与者，被逐为偏远地区司马，史称“二王八司马事件”。

刘禹锡先是被贬为连州刺史，赴任途中，加贬为朗州（今湖南常德）司马，在朗州一待就是近十年。囿于身居闲职，他走上了漫长的“穷愁著书”道路，写下了大量的政治诗，鞭挞揭露社会黑暗面。这一时期，他主要通过诗文集中阐述其政治理念。

他在《天论》中指出，“人之道在法制”，只有依靠法令才能辟邪扬善。而法令得以实行的基础是保障人民丰衣足食，“夫民足则怀安，安则自重而畏法”（《答饶州元使君书》）。

在《砥石赋》中，他援引从西周至汉唐的盛衰历史，证明法律乃统治国家、磨砺人才的“砥石”，关乎国运兴废。而中唐面临的宦官干政、藩镇坐大、党争加剧等乱象，无不与法制废弛、是非颠倒相关。

刘禹锡还从“惟变所适”的进化观出发，强调政策的实施必须“宽猛迭用”、因地制宜，根据天时、地域、民情灵活调整。同时，官员还应加强修身，取信于民，为“政之先”；执法公正，为“政之本”。他还提议效仿汉代名臣赵广汉设立“缿筒”（即匿名举报箱），“厚发奸之赏，峻欺下之诛”，鼓励百姓检举贪污不法行为，此为“政之助”（《答饶州元使君书》）。

不谋私利　振兴连州

815年初，刘禹锡与柳宗元等人一起奉召回京。次年，刘禹锡目睹长安玄都观中桃花盛开、游人趋之若鹜的情景，作诗抒怀——“玄都观里桃千树，尽是刘郎去后栽”，以“桃千树”隐喻自己离京十年间因投机取巧而在政治上得势的朝廷新贵，又以“看花诸君子”讽刺那些趋炎附势、攀高结贵之徒。因“语涉讥谤”，他被授为播州（今贵州遵义）刺史，后在裴度及柳宗元等人的说情下，改为连州刺史。

刘禹锡上任后，尽管对无力分担国事依然深感愤懑、无奈，也曾流露出“异乡无旧识，车马到门稀”的惆怅之意（《元日感怀》），但在《连州刺史厅壁记》中，他不仅客观细述了连州地区的人文变迁与自然环境，还立誓要像前任贤吏一样，“功利存乎人民”。此外，他又筑“吏隐亭”，在《吏隐亭述》中表达了“不以利禄萦心”的廉洁之志。

在连州的四年多里，刘禹锡深入了解民生疾苦，所作《插田歌》反映了农民遭受的深重压迫，讽刺了卖官鬻爵、贿赂成风等腐败现象。他大力发展农业生产，并派人重新疏浚海阳湖，修筑亭台，作“海阳十咏”颂其景致。

工作之余，他与道州（今湖南道县）刺史薛景晦通信交流医药研究经验，受其启发，将多年积累的民间药方整理、辑集为《传信方》。这部以“廉（价廉）、验（有效）、便（易得）”为特色的医书，后被《本草纲目》等医籍引用，不仅惠及岭南地区人民，有的药方还传到了日本、朝鲜。

隋唐时期，连州就已成为汉、瑶两族杂居之处。刘禹锡在连州期间写下

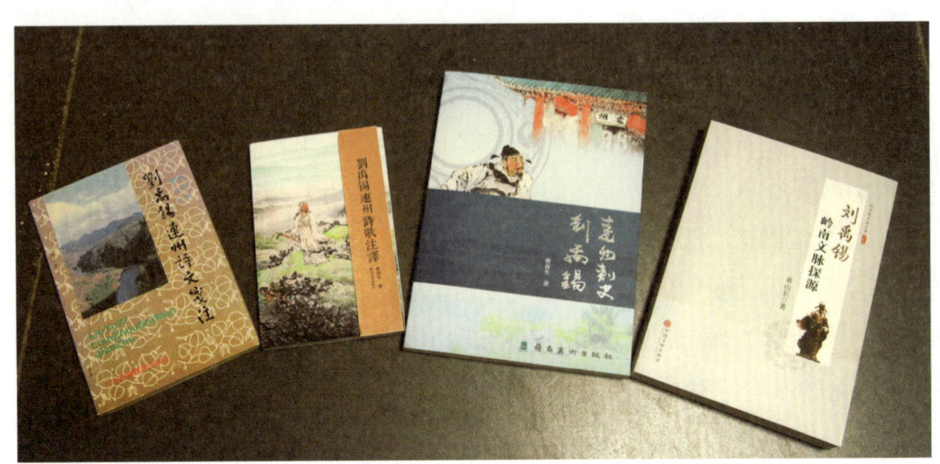

连州出版的刘禹锡相关著作（黄津　摄）

了《莫徭歌》《蛮子歌》《连州腊日观莫徭猎西山》等诗作，生动记述了徭族（瑶族）的民风、服饰、狩猎习俗及其淳朴英勇的个性，在唐代士林开以诗歌形式描写少数民族生活的先河。

刘禹锡在任期间，连州文风大振，出现了第一个进士刘景，为此他特意赋诗《刘景擢第》表示祝贺。二十多年后，刘景之子刘瞻又高中进士，并官至宰相。

此后，广东科举考场上连州才子辈出，连州亦获得了“科举甲通省”的美誉。明代弘治年间连州知州曹镐修《连州志》并作序，认为连州风气之变，“乃自韩昌黎、刘梦得两公始”。清乾隆年间杨楚枝等纂修的《连州志·名宦传》则评价说：“吾连文物媲美中州，禹锡振起之力居多。”

元和十四年（819年），刘禹锡因母丧离开连州，居洛阳，丁忧期满后再授夔州（今重庆奉节）刺史。在此期间，他在《奏记丞相府论学事》中，针对夔州“室庐圮废，生徒衰少”，官学“病无赀财”的现象，指出“天下少士”，“非天不生材也”，而是“不知养材之道”。对此，他向朝廷建议，削减州县祭奠费用，将之用于更紧要的办学经费上，显示出他对教育的重视和讲求务实的工作态度。

陋室明志　赈灾有方

长庆四年（824年），刘禹锡从夔州被调往和州（今安徽和县），担任刺史。甫一上任，和州就发生了多年不遇的特大旱灾。他马不停蹄地四处走访、视察灾情，言辞恳切地上书朝廷，请求减税赈灾。

相传，当地知县有意刁难，非但不给刘禹锡在县衙安排住所，还逼其多次搬家，条件一次比一次差，最后是一间仅能容下一床、一桌、一椅的斗室。于是，刘禹锡挥笔写下了一篇短文，以“斯是陋室，惟吾德馨”，抒发了自己高洁傲岸之志向——这便是驰名古今的《陋室铭》。

大和元年（827年），刘禹锡回到东都洛阳，结束了“巴山楚水凄凉地，二十三年弃置身”（《酬乐天扬州初逢席上见赠》）的外放生涯。此时的刘禹锡已年过半百，却不见暮年衰弱迹象，依然保持着旺盛的血性和斗志。次年春，他故地重游，看着“荡然无复一树”、荒草摇曳的玄都观，作诗旧事重提：“种桃道士归何处？前度刘郎今又来。”果然又一次触怒政敌，于大和五年（831年）十月，第三次离京出任苏州刺史。

不久，苏州发生水灾，已近六旬的刘禹锡从本州常平义仓中紧急调拨了十二万石米，逐户分发，并宣布减免赋役。在其“昼夜苦心，寝食忘味”的治理下，“遂使人心获安”，“幸免流离”（参见《苏州谢恩赐加章服表》）。因救灾有功，朝廷赐予他紫金鱼袋以示嘉赏。苏州人民则把刘禹锡和曾经做过苏州刺史的韦应物、白居易合称为“苏州三贤”，兴建“思贤堂”以示纪念。

连州刘禹锡纪念馆每年都吸引众多学生前来参观学习（黄津　摄）

从大和八年（834年）夏起，刘禹锡又在汝州（今河南临汝）、同州（今陕西大荔）等地任职，直至836年秋因患足疾，再次被召回洛阳，任太子宾客、秘书监等职。会昌二年（842年）病卒于洛阳，享年七十岁，朝廷追赠为户部尚书。

刘禹锡不计个人际遇之得失荣辱，始终心系国计民生，践行“功利存乎人民”的承诺，归根结底在于他对儒家“用世”担当精神以及“仁义”观的执着追求。正如他在《学阮公体三首》诗中所言：“昔贤多使气，忧国不谋身。目览千载事，心交上古人。”在他看来，古代德才兼备的贤人都是为国家兴亡而奋斗，故而将个人利害抛诸脑后。

刘禹锡忧国忧民，处逆境而不沮丧，他勤廉施政、敢于作为的精神，至今仍然值得学习和提倡。

评说刘禹锡

刘禹锡再贬连州后，在当地建吏隐亭以明志。吏隐，谓不以利禄萦心，虽居官而与隐者同。后来在和州任上，他又写就了名篇《陋室铭》，达观地说到居所尽管“苔痕上阶绿，草色入帘青”，但是因为“谈笑有鸿儒，往来无白丁”，又“何陋之有”？合而观之，刘禹锡的清廉形象已经呼之欲出。

不以利禄萦心，理论上乃为官的前提条件。王阳明这样阐释自己提出的知行合一：“正要人晓得，一念发动处，便即是行了，发动处有不善，就将这不善的念克倒了，须要彻根彻底，不使那一念不善潜伏在胸中，此是我立言宗旨。”在他看来，那种“不善”的念头想都不要想，一旦想了，也是在“行”。对为官者而言，“不善”的一个典型特征，便是利禄萦心。在主要依赖个人修养的封建时代，刘禹锡之外，我们还可以看到一些以身作则的清廉之士。如元朝张养浩的《风宪忠告》，开篇即以切身经历忠告各级官员要“自律第一”。他说：“士而律身，固不可以不严也。然有官守者，则当严于士焉；有言责者，又当严于有官守者焉。”这种层层递进的关系表明，官员的职责越重，自律应当越严格。为什么呢？“盖执法之臣，将以纠奸绳恶，以肃中外，以正纪纲，自律不严，何以服众？”又如明朝范景文之所以为后世尊称“二不尚书”，在于他职司吏部典选之时，在大门上张贴的“不受嘱，不受馈”六个大字。

“宽一分则民受赐一分，取一文则官不值一文。”能够不以利禄萦心的官员，才能够“不以物喜，不以己悲”，才能够干事创业豪气干云，即便遇到挫折也能够平心静气。刘禹锡二十多年的贬谪生涯，足以印证这一点。政治上，“羞为洛阳拜尘友”；文化上，贬谪期间他写就的那些竹枝词，不仅在中唐诗坛别开生面，而且还成为人类学意义上的珍贵民族志材料。

【史鉴】

刘禹锡字梦得，自言系出中山。世为儒。擢进士第，登博学宏辞科，工文章。淮南杜佑表管书记。入为监察御史。素善韦执谊。时王叔文得幸太子，禹锡以名重一时，与之交，叔文每称有宰相器。太子即位，朝廷大议秘策多出叔文，引禹锡及柳宗元与议禁中，所言必从。

——北宋·欧阳修等《新唐书·刘禹锡传》

【诗鉴】

王笔活鸾凤，谢诗生芙蓉。学筵开绛帐，谈柄发洪钟。
粉署见飞鹏，玉山猜卧龙。遗风丽清韵，萧散九原松。

——唐·温庭筠《秘书刘尚书挽歌词二首　其一》（节选）

为我引杯添酒饮，与君把箸击盘歌。
诗称国手徒为尔，命压人头不奈何。
举眼风光长寂寞，满朝官职独蹉跎。
亦知合被才名折，二十三年折太多。

——唐·白居易《醉赠刘二十八使君》

超逸绝尘苏东坡 玉骨冰魂任滂沱

苏轼（1037—1101），字子瞻，号东坡居士，眉州眉山（今四川眉山）人，北宋著名文学家、书画家，“唐宋八大家”之一，学识渊博，诗文书画造诣极高。嘉祐二年（1057年）中进士，历任签书凤翔府判官、杭州通判、密州（今山东诸城）知州、徐州知州、翰林侍读学士、礼部尚书等，晚年被贬惠州、儋州。苏轼为官勤勉肯干、尚德爱民、克己奉公、执法严明，虽屡遭贬谪，仍矢志不移。建中靖国元年（1101年）逝于常州，谥“文忠”。

惠州市东坡纪念馆内的苏轼雕像，名句“一蓑烟雨任平生”展现了他旷达洒脱的人生态度（梁维春　摄）

“苏东坡是无可救药的乐天派，悲天悯人的道德家，黎民百姓的好朋友……苏东坡的人品，具有一个多才多艺的天才的深厚、广博、诙谐，既有高度的智力，又有天真烂漫的赤子之心。”读过林语堂《苏东坡传》的人，相信都会对序言中这段妙评记忆深刻。

苏轼，字子瞻，号东坡居士，北宋眉州眉山（今四川眉山）人，他在散文、诗、词、书法、绘画等领域都取得了非凡成就，并与父亲苏洵、弟弟苏辙在“唐宋八大家”中占据三席，被称为“三苏”。

苏轼的仕途饱经劫难。在熙宁变法（又称“王安石变法”）的政治漩涡中，他坚持以国计民生为宗旨，以客观务实的态度对待变法派与守旧派的不同政见，不肯随波逐流，给后人留下了“一蓑烟雨任平生”的旷达和“竹杖芒鞋轻胜马”的坦荡。

变法派和守旧派的倾轧夹击，没有动摇苏轼尚德爱民、执法严明、“节用廉取”、克己奉公的廉政理念。《宋史》本传评价苏轼有四大特立独行之处——“器识之闳伟，议论之卓荦（卓越），文章之雄隽，政事之精明”，他的事迹也如其诗词文赋一样，诚恳真挚，充满创见，精彩动人。在被贬谪惠州期间，苏轼留下了“罗浮山下梅花村，玉雪为骨冰为魂”的千古名句，赞美梅花冰清玉洁、清丽温婉的品格，这也是他独屹风雪、不媚世俗的真实写照。

爱民之深 忧民之切

北宋嘉祐元年（1056年），眉州布衣苏洵偕二子苏轼、苏辙进京应试。在翰林学士欧阳修的推荐下，苏洵所作的《衡论》《权书》等作品，被公卿士大夫争相传诵。次年，苏轼、苏辙同榜进士及第，“三苏”自此名动四方。

作为当年殿试的主考官和文坛宗师，欧阳修对弱冠之年的苏轼不吝赞美之辞，并大胆预言其将来必出人头地。而宋仁宗初读苏氏兄弟所写的制策，更是大喜过望：“朕今日为子孙得两宰相矣！”（参见《宋史》本传）

事实上，这个拥有王佐之才的家庭，本是唐代宰相、初唐“文章四友”之一苏味道的后裔。苏轼自幼成长于“门前万竿竹，堂上四库书”（《答任师中家汉公》）的环境中。父亲苏洵曾将家中几千卷藏书亲手编辑、校对，赠给兄弟俩，叮嘱他们勤奋读书，“内以治身，外以治人”（参见苏辙《藏书室记》）。苏轼的母亲程氏好诗书、识大义，时常向儿子们讲述古今治乱兴衰的道理。在父母熏陶下，苏轼很早就发奋努力，萌生用世之志。

早在参加科举考试时，苏轼就在所作的《刑赏忠厚之至论》一文中，表达了对上古先贤“爱民之深，忧民之切”的推崇。在入仕之初，民本思想便在其政治实践中得到了充分展现。

嘉祐六年（1061年），二十四岁的苏轼被授予大理评事、凤翔府（今陕西凤翔）判官。赴任后，他四处了解民情，派人挖掘涝池储水，防范水灾和旱情；修订衙规，缓解民众繁重的差役。

苏轼平生宦游四方，所到之处，无不以便民、利民、安民为治理初衷。熙宁七年至九年（1074—1076年），苏轼在密州（今山东诸城）知州任上，遭遇荒旱。他率领民众积极灭蝗抗灾，又巡城搜寻弃婴，将之安置在百姓家中抚养，并从官方赈济灾民的米粮中，专门划拨出一部分用于哺育弃婴，每人按月发放，救活了数十个弃婴。

熙宁十年（1077年），黄河决口，大水漫至徐州城下，富人们争相出逃。刚到任徐州知州不久的苏轼当众立誓，与全城共存亡：“吾在是，水决不能败城！”他紧急增调兵卒，率领众人冒着日夜不止的大雨修筑堤坝。他以堤为家，过私宅而不入，派遣官吏分段守堤，终于保全了徐州城。

苏轼曾被两度调任杭州，除了主持疏浚西湖、修筑“苏堤”的功绩至今为人所称道外，他还为当地百姓做了许多如“分坊治病”的实事。元祐四年（1089年），苏轼以龙图阁学士出任杭州知州，时逢杭州大旱，饥馑瘟疫并发。苏轼一方面拿出了一个名叫“圣散子方”的药方，令人大量熬煮稠粥和药剂，派遣官吏带领医生“分坊治病”；另一方面，考虑到杭州历来为水陆交汇之地，人口众多，疫病一旦暴发必将迅速蔓延扩散，于是，他在从财政拨款二千缗（一缗约为一贯铜钱）的同时，又卖了妻子陪嫁的首饰，加上积蓄，自捐黄金五十两，在城中建安乐坊（后改名“安济坊”），为老弱贫病者提供免费治疗。苏轼在任期间，安乐坊医治了近千名贫困病人（参见《宋史》本传）。有学者认为，安乐坊是中国古代最早的公立医院。

执法严明　节用廉取

苏轼在《六事廉为本赋》一文中曾明确提出“功废于贪，行成于廉”的观点，指出为官之道的核心是“尚德”，提倡用清廉与否来决定官员的升降与任免，评判官员业绩时应以“清慎”居先，因为“德之至贵，故他功之莫如”，良好的操行比从政的才干更为重要。

在《策别》系列策论文章中，苏轼又阐述了一系列约束和惩治贪腐的办法，具体包括：“厉法禁”，破除“刑不上大夫”的旧办法，严格执法，一视同仁；“抑侥幸”，唯才是举，抑制、裁汰长期困扰北宋官场的冗官闲员；“决壅蔽”，提高办事效率，杜绝久拖不决导致金钱开路等腐败现象；“专任使”，对于专业性强、地位特殊的岗位，如“大司农”（主管财政），“择人宜精”“任人宜久”；“无责难”，实行连带问责制，下属官员犯罪，上级长官也要因督察不力而受到处分；“无沮善”，对于知错能改、有上进心的人，要保护其积极性，不要轻易阻绝升迁之路。

在实际工作中，苏轼亦高度重视法纪严明。元祐八年（1093年），他赴北宋边防重镇定州（今河北定州）任知州，刚到任便发现当地防务松弛、军纪涣散，军官任意克扣军饷赏赐。他立即把贪污之人发配到远恶之地，明令禁止偷

惠州苏东坡祠的匾额由当代国学大师饶宗颐题写

盗、赌博、酗酒等行为，随后又修缮营房，从军容军姿等细节开始，重振军队旧制，恢复日常训练，众人都畏惧服从。定州人都说：“自从韩琦（北宋名将、三朝宰相）以后，好久不曾见到这礼制了。”（参见《宋史》本传）

另一方面，苏轼还提倡“节用以廉取”，建议朝廷节约开支，反对铺张浪费，减轻民众负担（《策别》十三）。他在担任开封府推官期间，以“决断精敏”闻名。上元节时，朝廷诏令低价从浙江购买一批花灯。苏轼上疏称，此举不过是为了取悦宫中，然而对百姓来说，却是“以耳目不急之玩，夺其口体必用之资”，买灯一事因此作罢。

元祐七年（1092年），苏轼任扬州知州。扬州每年春天都依惯例仿洛阳举办“万花会”，苏轼以劳民伤财之故勒令停办，“人皆鼓舞欣悦”。在给朋友的信中，他表示，取缔花会一是“用花千万朵”，太过奢侈，二是“吏缘为奸”，有官吏借机扰民敛财，“万花会”实为“扬州大害”，取消之后，“虽杀风景，免造业也”（参见张邦基《墨庄漫录》）。

甘于贫苦　克己奉公

在生活中，苏轼朴素清俭，以“苟非吾之所有，虽一毫而莫取”（《赤壁赋》）为做人的原则。他还总结出“三养”心得：安分以养福，宽胃以养气，省费以养财（《东坡志林》）。

宋人朱弁《曲洧旧闻》中有一则苏氏兄弟年少时“日享三白”的轶事。所谓“三白”，即“一撮盐，一碟生萝卜，一碗饭”。苏轼觉得“三白”之美，甚于山珍海味，以此来磨炼清苦意志。

苏轼在密州所作的《后杞菊赋》中，自言仕宦十九年来，“家日益贫”，衣食今不如昔。密州旱灾严重时，身为一州地方长官的苏轼也不得不与同僚到古城废园里采摘枸杞、野菊果腹。他风趣地调侃道，以杞菊为食，说不定还能像“孔门十贤”中的子夏那样长寿呢！

然而，这篇抒发超然物外之情的文章，在元丰二年（1079年）却成为苏轼“讥刺朝政”的罪证之一，使其蒙冤下狱，险些丧命，史称“乌台诗案”。

此后，苏轼的命运更加跌宕起伏。在晚年所作的《自题金山画像》中，他不提自己三任尚书、两任翰林大学士的荣耀，却把人生三大失意处——黄州、惠州、儋州，视为“三大功业”。

谪居黄州（今湖北黄冈）的数年间，他身居闲职，几乎没有俸禄，勉强靠着积蓄维持生活，每餐只有一菜一饭，每日开销只有一百五十文钱。但他发动黄州富民捐资捐物，成立抚养弃婴的“育儿会”时，却带头捐了十千钱。

绍圣元年（1094年），苏轼又一次以“讥讪先朝”的罪名，被流放到惠州。为解决当地人民出行之难，他四处游走，筹资修建东新桥和西新桥，为此还捐出了皇帝所赐的犀带。此外，他积极传播插秧技术，建造水碓、水磨，推广减轻农民劳作艰辛的“秧马”，深得民众爱戴。

尽管“无权签署公事”，苏轼仍旧积极为当地出谋划策，如雇人收埋江边枯骨、筹建惠州驻军营房、为百姓求药除疫等。他还提议将蒲涧山（今白云山）上的泉水引入广州，解决城中饮水困难。如今，惠州还存有“苏堤”、朝云墓、六如亭、合江楼遗址等多处与苏轼有关的珍贵人文遗迹，由苏轼始建的东新桥和西新桥至今仍发挥着重要作用。

绍圣四年（1097年），年届六旬的苏轼再一次被贬为琼州别驾。在儋州

（今海南儋州），他以竹寮为屋，以蕃芋为食，以著书为乐，开馆办学，指导农耕。四年后，苏轼在北归途中病逝于常州（今江苏常州）。

苏轼后半生颠沛流离、忧患不绝，对此，《宋史》本传认为，苏轼自出仕以来，“忠规谠论，挺挺大节”，“但为小人忌恶挤排，不使安于朝廷之上”。在苏轼看来，不容于朝堂，是他不肯“贪得患失，随世俯仰”，宁可“守其初心，始终不变”所付出的代价（《杭州召还乞郡状》）。然而在后世看来，苏轼忧国忧民的情怀，廉正无私的气节，勤勉肯干的作风，无论穷达显隐，始终坚守“初心”的品质，却正是苏轼人格魅力中最为光彩照人的部分。

评说苏轼

历史上但凡留下口碑的官员，对“廉”字在宦海生涯中应当占有怎样的地位，往往都有比较深刻的认识。

如宋朝罗大经认为：“士大夫若爱一文，不值一文。”杨伯子的话更狠：“士大夫清廉，便是七分人了。”元朝张养浩是讲道理：“普天率土，生人无穷也，然受国宠灵而为民司牧者，能几何人？既受命以牧斯民矣，而不能守公廉之心，是自不爱也，宁不为世所诮耶？”因此，“与其戚于己败，曷若严于未然”。清朝金埴的说法是：“一丝一粒，民之脂膏也。故廉是居官分内事。”诸如此类，数不胜数。

苏轼对“廉”之见解，以其《六事廉为本赋》为代表。六事，即《周礼》所开列的评判官吏素质和能力的六项标准：廉善、廉能、廉敬、廉正、廉法、廉辨。苏轼在郑玄注疏的基础上予以进一步阐发，在指出六事“各以廉而为首，盖尚德以求全”的同时，提出“功废于贪，行成于廉”的论断，明确为官“廉为本”，舍此则一切都毫无意义。他还有个形象的比喻：“士人历官一任，得外无官谤，中无所愧于心，释肩而去，如大热远行，虽未到家，得清凉馆舍，一解衣漱濯，已足乐矣。”苏轼在中央和地方担任过许多职务，不乏左迁，无论在哪里，“文章之雄隽”自不待言，“政事之精明”也是《宋史》的定论。这一切，该得益于他对“廉”之透彻认识的前提吧。

清朝陈康祺说：“士未有未仕时律身不严，而居官能以清廉著闻者。”此说或有些许绝对，然而逻辑上可以成立。倘若居官前德行不堪，居官后脱胎换骨，可能吗？苏轼少年时读到石介《庆历圣德诗》，便“历举诗中所言韩（琦）、富（弼）、杜（衍）、范（仲淹）诸贤以问其师”，声称“正欲识是诸人耳”。那么，他的《六事廉为本赋》的出世及践行，岂是偶然？

［史鉴］

轼与弟辙，师父洵为文，既而得之于天。尝自谓：“作文如行云流水，初无定质，但常行于所当行，止于所不可不止。”虽嬉笑怒骂之辞，皆可书而诵之。其体浑涵光芒，雄视百代，有文章以来，盖亦鲜矣。洵晚读《易》，作《易传》未究，命轼述其志。轼成《易传》，复作《论语说》；后居海南，作《书传》；又有《东坡集》四十卷、《后集》二十卷、《奏议》十五卷、《内制》十卷、《外制》三卷、《和陶诗》四卷。一时文人如黄庭坚、晁补之、秦观、张耒、陈师道，举世未之识，轼待之如朋俦，未尝以师资自予也。

——元·脱脱等《宋史·苏轼传》

［诗鉴］

叹息苏子瞻，声名绝后先。
衣冠传盛事，兄弟固多贤。

——北宋·秦观《赠苏子瞻》（节选）

两国山川一战功，子瞻词赋亦争雄。
江流自古愁无限，落木长天万里风。

——明·李东阳《苏子瞻》

清廉卓绝数陈瑸 贫瘦在己肥在民

陈瑸（1656—1718），字文焕，号眉川，广东海康（今广东雷州）人，清朝官员。康熙三十三年（1694年）中进士，历任古田知县、四川提学道、台湾知县、台厦道、福建巡抚、闽浙总督等职，仕途生涯大半扎根台湾，其间惩贪官、禁滥刑、置社仓、粜积谷、崇节俭、兴书院、饬武备，虽居官甚优，却能以操守极清驰名，深受民众爱戴。康熙五十七年（1718年）去世，追授礼部尚书，谥“清端”。

陈瑸像（清端园　供图）

在台湾省台南市，有一座恢宏庄严的孔庙，它落成于清康熙五年（1666年），是台湾最早的孔庙。由大成门进入孔庙，沿途设有名宦祠与乡贤祠，又有明伦堂、文昌阁，基本上依循古制。而这一切，都离不开为其捐俸重修的一名广东人——陈瑸，他在康熙四十一年至四十三年（1702—1704年）任台湾县令时，按标准建制修缮了这座孔庙。

陈瑸，字文焕，号眉川，广东海康（今广东雷州）人。他曾三次赴台主理政务，先后担任台湾知县、台厦道、福建巡抚等职，近二十年的仕途生涯大半扎根台湾，是清朝早期治理台湾政绩最为突出的官员之一。在任上，他兢兢业业，兴利除弊，澄清吏治，注重教化，深受百姓爱戴，尤其以操守廉洁驰名，享有“廉能为最”的美誉（张雄《邑侯陈公功德碑》）。《重修台湾府志》称赞他“廉明正直，茹水洁清”，推举他为“海疆治行第一”，康熙皇帝也曾高度评价他是“国家祥瑞”“诚清廉中之卓绝者”“从古清官未见有如伊者”。

爱民入心 淘汰污吏

陈瑸自幼家境贫寒，双亲早逝，生计窘促的他早早地通过教书谋生。日子虽然清苦，但他却依然为人宽厚，常将教书获得的报酬分赠给有困难的亲友。

康熙三十三年（1694年），屡试不第的陈瑸终于在38岁时高中进士，待仕的五年间，他继续在家乡执教。雷州因毗邻海洋而饱受潮灾之祸，看着被海潮冲垮的堤岸，陈瑸奔走呼告、募捐银两，还向雷州新任知府上书，恳求官府修建海堤，却收效甚微。失望之余，陈瑸立下了将来执政一方，必定为民造福的志愿。

康熙三十九年（1700年），陈瑸被派往福州府古田担任知县。古田县地处群山之中，自然环境恶劣，历来被官吏视为畏途。到任后，他发现此地田税数目错乱，全县积欠赋税达数万两之多，赋役轻重不均，百姓不堪重负，或迁徙他乡，或被迫逃亡山中，甚至落草为寇，形势并不乐观。

上任之初，陈瑸在写给儿子的《寄子书》中坦陈，虽然在古田为官不易，但他相信，士君子应当以身报国，尽心竭力认真履职。他向儿子表示，自踏上仕途以来，自己早已断绝了在所谓"好地方"谋利的念头，决不会因古田治理繁难而打退堂鼓。

上任后，陈瑸首先面对的是这样一个难题：官府基层办事人员不仅数量严重膨胀，且贪污腐化、大肆扰民，"差役下乡，分路搜索如捕大狱"，所到之处经常假借公事名义洗劫民财，乃至危害到百姓的生命安全。对此，他举行公开考试，淘汰冗员污吏，并对余留下来的人员严格管束，一扫多年弊政，为接下来的治理铺平了道路。

同时，陈瑸还查明古田的富家豪族大量瞒报拥有的土地数量，勾结吏胥，将本应由地主承担的赋役强加到百姓身上。为此，陈瑸按册籍清理甄别，亲自细查钱粮案件，惩治了许多不法之徒（参见《禀请免解丈量弓算手》）。

陈瑸的励精图治换来了当地百姓的支持。他在家信中提到，当他前往各乡开展税收工作时，得到了村民的高度配合，众人"欢呼攀辕，顶香迎接"。他还轻装简从，亲自上山征粮，"历尽川岩险仄"，历时近一个月，结清了古田县积欠多年的赋税钱粮。

此外，在施教兴学、恤孤抚贫、救济灾民、捐俸修城等方面，陈瑸也为老百姓办了许多实事。由于在古田治绩出色，陈瑸被朝廷委以重任，调任台湾知县。

革除积弊　政绩斐然

清王朝收复台湾之初，如何针对台疆的特殊性予以治理，把守好这道“海防屏障”，在当时显得十分重要。

康熙四十一年（1702年），陈瑸调任台湾知县，当时的台湾县即台湾府治所在地（今台湾台南），为全台政治、经济、文化中心。初次赴台的陈瑸在《条陈台湾县事宜》中提出多条治理措施，既涉及普及教化、发展生产、改良风俗、维护治安等层面，也包括多项禁止基层吏胥讹诈、勒索、盘剥贫苦百姓的建议。这些举措在凤山、诸罗各县也一并得到实施，奠定了平治台湾的基础。

康熙四十九年（1710年），陈瑸升任台厦道，台厦道全称为“台湾厦门

广东雷州陈瑸故居屋后竖立着后人题写的“清廉卓绝”石碑

兵备道兼理学政"，是清初朝廷在台设立的最高行政长官。这给予自认"出身寒微"的陈瑸莫大动力，促使他"誓将以一死报国"（《请禁贩米出海禀督院启》）。上任不久，他便大刀阔斧地清理革除积弊，有力震慑了当地的豪强。

当时，有贪官污吏勾结外人，将粮食运往内地贩卖并从中牟取暴利，致使台湾本土粮食紧张，而一些在台任职的官员则光等着任满升迁，放任米贵民病而毫无作为。对于这些贪赃枉法、为官不为的现象，陈瑸在严厉批评的同时，毫不姑息地对大小官吏进行了整治。

再例如，当时的台湾地广人稀，来台官员将"官庄"的土地出租给农民耕种，将地租收入作为衙门经费补贴，后来却成为官员所谓的"养廉银"，远高于寻常俸禄。陈瑸在给朝廷的上疏中痛陈"官庄"十害，认为这一举措在实际操作中已偏离了原本垦荒拓殖的初衷，沦为许多官员贪墨自肥的手段，"利在官而害在民"，长此以往不利于台湾农事生产。由此，他奏请废除"官庄"，整肃纪律，将此前出产的稻粟、蔗糖等作物尽数充作军饷。

调任福建巡抚后，陈瑸依然在台湾建设和管理上殚精竭虑，在整顿吏治、发展农业、巩固海防等方面成效显著。公务之余，他还非常注重道德教化，曾自捐俸禄，在台南等地建明伦堂、朱子祠，修缮孔庙，并置学田以资助困难学生。尽管工作繁忙，他仍然长期主持学政，定期考察台湾士子学业、品行状况，树立起良好学风。陈瑸在台任事数年，使台湾从"俗骁悍"变为"民知礼让"，备受台湾民间推崇（顾镇《陈清端公家传》）。

清介公慎　崇俭抑奢

在任职台厦道前后，陈瑸还担任过四川提督学政、湖南巡抚等职。无论身居何职，陈瑸从不妄取分文，在他看来，倘若"苟得一文，即廉隅之尽丧"（康熙《御制祭文》）。陈瑸认为，"贪不在多，一二非分钱，便如千百万"（《陈清端公家传》），哪怕是小贪小腐，都要及早严加整治，防微杜渐。

在担任四川提督学政时，陈瑸以"清介公慎"著称，与某些同期官员违法妄行、贪腐成风形成了鲜明对比，康熙皇帝特意下诏树立他为官员榜样。

还有一些官员为了中饱私囊，在“火耗银”上动起了心思。所谓“火耗银”，是当时官府收缴赋税时的一项名目，指碎银熔化重铸为银锭时的折耗。如果征收的“火耗”大于实际的“火耗”，利用两者的差价就能“发家致富”。对于这种以权谋私的不正之风，陈瑸坚决反对，他在任职之地总是尽可能地降低“火耗”，身体力行遏制官场贪腐。

对于俸禄及其他合法收入，陈瑸也经常克己奉公，将本属于自己的银两捐作他用。在台厦道任上，他把应得银三万两，用于修缮炮台、学校和官署等设施上；任福建巡抚时，他曾兼署闽浙总督印务，应得银两也未领取。

为官二十载，陈瑸孑然一身，不携妻带子，不延请幕宾，家人相隔千里，少有相见，身旁只有几名老仆随侍，三餐常以蔬果为主食。即便晚年官至巡抚，他仍“衣御布素，食无兼味”，唯独勤于政务，“鸡鸣而起，夜分不寐”，虽生活清苦，却怡然自得。在他看来，苦乐存乎其人之胸襟，并不在于官职的高低。

《湖广通志》上还记载了这样一则关于陈瑸的轶事：在他走马上任湖南巡抚时，下属曾在边界夹道迎接，但等到的却是陈瑸早已抵达官署的消息。原来陈瑸衣冠俭素，随行只有老仆三人，背着几个破旧的木箱，以至于下属都没认出他来。到任后，他在上疏中提出“崇节俭以惜民财”“应申严奢侈之禁”“不许收受州县馈送”等多项建议，并严厉惩处贪污腐败、包庇纵容的官员。

康熙五十四年（1715年），康熙皇帝单独召见陈瑸时，向他细细询问了在台湾、湖南、福建等地的施治履历。康熙皇帝看陈瑸脸色不好、衣服单薄，特赐貂皮褂一件，并附上“宽弘驭吏当持法，休养安民务使全”等诗文，以表示对陈瑸的赞许。

康熙五十七年（1718年），陈瑸病逝于福建巡抚任上。临终前，他将俸禄所得一万三千余两充为兵费，不留分文。陈瑸长子陈居隆扶丧归粤，沿途官民凡有馈赠，皆婉谢不受。许多官民特意赶来迎送祭奠，百姓哀号之声，悲恸如丧父母。

在《谘访利弊示》中，陈瑸曾表明自己的为官心迹：“今日随一官一邑，皆可尽心尽力，使饥者得食、寒者得衣、有衣食者知礼义而重廉耻，将一邑之人心风俗渐敦古处，狱讼衰息。”在陈瑸的仕途生涯中，无论官职大小，他都为生民立命，做到“廉德”与“廉能”兼备；无论收入多少，他都不多取一文，做到“瘦在己而肥在民”（《陈清端公文集》）。细微之处见真章，陈瑸在细节处的坚守，在今日仍有历久弥新的重要意义。

评说陈瑸

“贪不在多，一二非分钱，便如千百万。”在数不清的关于贪廉的论述中，很多人最欣赏海康陈瑸的这一句。

道理很浅显：判断一名官员是贪还是清，就看他是否“伸了手”，所得是否“非分”，这是个原则分野；逾越了，性质就变了。至于“非分”的量上多寡——是“一二钱”还是“千百万”，没什么本质区别。这句名言足以超越时空。陈康祺《郎潜纪闻初笔》在推崇陈瑸的同时发出感叹：“士未有未仕时律身不严，而居官能以清廉著闻者。”那些一味将贪污归结为制度不健全的“伸手”者，真该汗颜才是。

台湾、四川、湖南、福建等等，在近二十年仕宦生涯中，陈瑸在许多地方任过职。无论在哪里，他都能做到清廉始终，“官厨以瓜蔬为恒膳，其清苦有为人情所万不能堪者”。在陈瑸被调往福建时，康熙皇帝曾对廷臣说：“朕见瑸，察其举止言论，实为清官。瑸生长海滨，非世家大族，无门生故旧，而天下皆称其清。非有实行，岂能如此？国家得此等人，实为祥瑞。”他戏称陈瑸为苦行老僧，甚至断言：“从古清官，计无逾瑸者。”这个结论是否绝对不去论它，陈瑸赢得了上下的认可是毫无疑问的。

历史上的清官，都能够在对“贪不在多”的认识上很好地把握住自己，这也是他们在当时以及后世为人津津乐道的前提。王有光《吴下谚联》提到与陈瑸同时的嘉定邑侯陆陇其：他离任时，百姓“扶老携幼，哭巷攀辕”，人们用“有官穷似无官日，去任荣逾到任时”来评价他，当一回官，家产和没当官时没什么两样。陆陇其没有捞取一分一毫的“非分钱”，在于他如陈瑸般一贯严于律己。而在百姓看来，因为有捞取“非分钱”的“资本”而没有利用，没理由不表达敬意。

如今我们的廉政建设，应该多做“贪不在多”的教育文章。各级干部只有懂得了“非分钱”的含义，现实中才有不敢越雷池半步的可能。

［史鉴］

广东雷州东洋塘堤岸，海潮冲激，侵损民田，瑸奏请修筑，即移所贮公项及俸钱助工费。堤岸自是永固，乡人蒙其利。五十七年，以病乞休，诏慰留之。未几，卒于官。遗疏以所贮公项余银一万三千有奇充西师之费。命以一万佐饷，余给其子为葬具。寻谕大学士曰：“陈瑸居官甚优，操守极清，朕所罕见，恐古人中亦不多得也。”追授礼部尚书，荫一子入监读书，谥“清端”。

——民国·赵尔巽等《清史稿·陈瑸传》

［诗鉴］

留犊从来汉史传，建牙分阃赖官贤。
宽严驭吏须交勉，教养宜民务使全。

——清·玄烨《饯闽抚陈瑸》（节选）

海内数六清端，惟我两奉使来，得以辖轩瞻并美；
人生有几知己，自公百余年后，尚留文字话前因。

——清·徐琪《雷州陈清端公祠联》

尽心民事张维屏 痛愤疾书以诗鸣

张维屏（1780—1859），字子树，号松心，广东番禺（今广东广州）人，清代官员、爱国诗人。道光二年（1822年）中进士，后被调任湖北广济知县，道光十二年（1832年）起先后在江西出任袁州府同知、泰和知县等职。他清廉无私、深恶腐败，终因不耐当时官场黑暗，于道光十六年（1836年）辞官归里，闭户著述，创作了一批以激浊扬清、讴歌抗英等为主题的诗歌。咸丰九年（1859年）逝于清水濠。

广州越秀南粤先贤公园内的张维屏雕像（黄楚旋 摄）

“三元里前声若雷，千众万众同时来；因义生愤愤生勇，乡民合力强徒摧。家室田庐须保卫，不待鼓声群作气；妇女齐心亦健儿，犁锄在手皆兵器……”

这首题为《三元里》的诗歌，以慷慨激昂的笔法，生动描绘了第一次鸦片战争期间，广州三元里人民群众奋起抵抗英国侵略者的斗争画卷，表现了中华儿女不畏强暴、同仇敌忾、抗击外辱的爱国主义精神。它的作者就是清代中后期著名的爱国诗人张维屏。

张维屏，字子树，号松心，广东番禺（今广东广州）人。张维屏一生历经乾隆、嘉庆、道光、咸丰四朝，先后在湖北、江西担任州县地方官。他勤政爱民、为官清廉，赢得了“尽心民事，深洽舆情”之美誉（参见陈澧《张南山先生墓碑铭》）。

张维屏一直秉持“欲希古贤”、济世救民的从政抱负，却因晚清官场黑暗腐败而断然辞官归里。两次鸦片战争期间，张维屏写下了《三元里》以及歌颂陈连升、葛云飞、陈化成三位爱国将领的《三将军歌》等名篇佳作。这些作品在当时流传甚广，起到了凝聚人心、鼓舞斗志的作用。著名文学家阿英（钱杏邨）曾称赞张维屏的这些作品是鸦片战争中“最具有灿烂不朽光辉”的“英雄史诗”（《鸦片战争文学集》）。

大器晚成　冒死救灾

“乾隆秀才、嘉庆举人、道光进士、咸丰老渔”是张维屏生前所刻的一方印章。这十六个字，浓缩了其将近八十载的人生轨迹。

清乾隆四十五年（1780年），张维屏出生于番禺一个书香家庭。父亲张炳文长于诗文，以设馆授徒为生，曾任四会县学训导。张维屏深受家学熏陶，他作了《述德》一诗：“未冠学为文，吾父日善诱。出应童子试，汗颜冠侪偶。”这写的就是他自幼随父亲入馆学经，并在乾隆五十六年（1791年）参加番禺县试，位列榜首，从此以诗才名震乡里。

嘉庆九年（1804年），张维屏参加广东乡试，中举人，随后于嘉庆十二年（1807年），第一次赴京赶考。虽然他在会试中遗憾落第，但其才华依然得到了认可。当时的著名诗人、文学家翁方纲在读到张维屏的诗作后，不禁惊呼：“诗坛大敌至矣！”此后，张维屏又多次参加科举考试，但均告失败。长期困顿于科场的同时，张维屏与林伯桐、黄乔松、谭敬昭、梁佩兰、黄培芳、孔继勋等广东诗友筑云泉山馆于白云山，众人时常在此笔墨雅集，诗酒酬唱，人称“七子诗坛”。

道光二年（1822年），已过不惑之年的张维屏再试京闱，终于进士及第，被朝廷外派为湖北黄梅知县。莅任第二年夏天，江水暴涨溃堤，灾民流离失所，张维屏心忧如焚，为抗洪救灾日夜奔走。一天夜里，他乘着小舟勘查灾情时，船被激流冲走，他幸亏抱住大树得以不死（参见其《黄梅大水行》诗中自注）。

脱险后，张维屏在诗歌中感叹：“一身讵（同‘岂’）足惜，万户良可伤？”意思是，与千家万户受到灾情冲击的艰难处境比起来，自身的安危又何足挂齿？

为了救民于水火，张维屏奏请朝廷动用库银赈灾，还特意安排专人监管赈灾款项的发放过程，严防侵吞、冒领，“一切银钱不由书差经手”，发放前还会在各乡提前予以公示；灾民领取救济款时，仅容一人进入，凭票发钱，前门进、后门出，秩序井然。张维屏在黄梅任上不辞劳苦、事事亲为、公正廉明，得到了当地百姓的推崇和赞赏（参见金菁茅《张南山先生年谱撮略》）。

深恶腐败　愤而辞官

随后，张维屏又受命调任湖北广济知县。广济县（今湖北武穴）乃长江中游的重要漕运港口，每年漕粮收入颇丰。所谓“漕粮”属于古代田赋的一种，是地方办公经费的重要来源。清代中叶，漕运贪腐盛行，朝廷虽然对税收有明文规定，但实际上默许地方官吏采取“浮收勒折”（即采用强迫手段额外收取）的方式进行征收。因此，收漕粮就被当成了一条官官相护、心照不宣的“生财之道”，大小官员乃至运船的兵丁、差役，往往相互勾结、层层索取，趁机从中渔利（参见徐珂《清稗类钞》）。

面对收漕粮这样一桩有利可图的“肥差”，张维屏却表现得非常抗拒。在他看来，“不浮收，则漕费无所出，浮收则理不直，理不直则气不伸，吾宁弃官以伸气”。尽管朝廷多次催缴，他依然拒绝浮收漕粮，同时称病请辞（参见陈澧《张南山先生墓碑铭》）。不仅如此，张维屏还在《收漕辞》一诗中，对假借收漕粮的名义讹索盘剥、中饱私囊的不良吏胥进行了猛烈抨击。

张维屏身为漕运大埠的知县，却不愿多收漕粮，这在当时被世人视为咄咄怪事。但时任直隶总督的蒋攸铦却赞赏其恤民如子、清廉无私的高尚品行。蒋攸铦有言：“夫救灾人所难，而南山处之井然；收漕人所乐，而南山辞之决然。”（张维屏《花甲闲谈》）

在上司的再三挽留下，张维屏转任襄阳府同知。在他离开广济县时，当地人民洒泪相送，送上“德厚风清”的条幅，颂其恩德。张维屏在《别广济》一诗中谦称：“无泽及民德何有，无功窃禄清难言。”从中可以看出，“德”与“清”正是他为官做人的宗旨和目标。

道光十二年（1832年）起，张维屏先后在江西出任袁州府同知、泰和知县、吉安府通判、南康知府等职。这十多年的仕途生涯中，张维屏目睹当时官场的种种黑暗和腐败乱象，愤而创作了《衙虎谣》《盐枭乐》《狱卒威》

等作品，揭露贪官污吏残暴贪婪、欺压平民的行径。他不愿同流合污，却又时常感到“临渊履冰”的无力和孤独，自觉“一官无补苍生，不如归去”（《花甲闲谈》序），萌生归隐之念。但只要在任，他都始终施政为民、兢兢业业。在担任袁州府同知时，他常以“婉曲开导”的方式审讯囚犯、侦办案件，而非刑讯逼供（参见金菁茅《张南山先生年谱撮略》）；在卸任南康知府之际，他忽然接到治理蝗灾的紧急命令，随即便奉命赶往灾情一线捕蝗，后来还将工作经验整理成《治蝗述略》一书，供其他受灾地区参考。

心系国是　以诗御敌

道光十六年（1836年），张维屏告病辞官返家，在广州筑“听松园”，每日潜心著述、讲学传艺、遨游赋诗。然而，这种“水绿树三面，风香花一肩，沙鸥天地阔，随意养余年”（《东园杂诗》）的宁静生活，很快就被西方帝国主义的入侵所打破。

道光十九年（1839年）的一天，张维屏的家中来了一位特殊的访客——受命赴粤主持查禁鸦片的钦差大臣林则徐。两人是同科进士，交情深厚。林则徐登门拜访，向张维屏寻求禁烟对策。

张维屏对鸦片流毒造成的巨大危害早有预见。在编撰《国朝诗人征略初编》时，他就曾提醒世人，要警惕洋人借输入鸦片“包藏祸心，殆不可测”，呼吁朝廷加固海防，严密排查奸邪之人。此后，在林则徐禁烟过程中，张维屏一直为之出谋划策，大力相助。

鸦片战争爆发后，原本打算阖门自守、不问世事的张维屏，受三元里人民抗英义举所感染，写下了一系列歌颂中国军民英勇无畏、团结抵敌的不朽诗篇，彰显了中国人民反抗侵略的决心、力量和民族气节，其中以《三元里》和《三将军歌》最为知名。

另一方面，他创作《书愤》《海门》《江海》《饮酒五首》《寒食有感》等作品，斥责侵略者的狼子野心，谴责清廷采取丧权辱国的投降政策。当清政府被迫签订《南京条约》的消息传来时，他满怀悲愤，创作了《雨前》一诗，直言不平等条约是“城下寻盟古所羞”，号召民众发愤图强，卧薪尝胆，保家卫国。

萝峰寺内，悬挂着张维屏留下的对联“行云流水见真性，明月清风来故人”（黄楚旋　摄）

咸丰六年（1856年），第二次鸦片战争爆发，翌年广州沦陷，张维屏辗转避居城西。在此期间，他用诗歌见证英法联军攻陷广州之后城中的萧条衰败景象，记录了战火给黎民百姓带来的深重创伤。

咸丰九年（1859年），年近八旬的张维屏病逝于广州。就在这一年，他还在诗歌中吟叹：“几时华夏消夷患，何日乾坤息战场？”（《新年》）对家国命运流露出深切的担忧。

“行云流水见真性，明月清风来故人。”这是张维屏留存于广州萝峰寺中的一副对联。作为诗人，张维屏凭借优秀的反帝爱国诗篇，奠定了其在中国近代文学史上的地位。作为廉吏，他置身于清朝中晚期混浊腐朽的官场，虽无力扭转局势，但依然关怀民瘼，洁身自好，持公守正，殊为可贵。

评说张维屏

“县官不愿收漕，世罕见也！”这是清朝道光时人对广济知县张维屏的评价。收漕，即收漕粮，利用水路转运粮食。隋唐以后，农业经济重心南移，而都城仍在北方，由东南而西北的漕运制度由此诞生。

在张维屏为官的时代，漕运体制已经败坏到整顿了一轮又一轮，但是征漕加派的繁多名目以及各级官吏胥役的贪索，仍然屡禁不止的程度。从漕粮征收到兑运、从长途挽运到京通交仓，几乎无处不弊、无官不贪，其结果，“州县取之于民，弁丁取之于州县，部书仓役又取之于弁丁，层层需索，无非闾里之脂膏”。在这种背景之下，张维屏作为区区知县，没有力挽狂澜的任何可能，然而他对这种腐败现象嫉恶如仇。他说：“不浮收，则漕费无所出，浮收则理不直，理不直则气不伸，吾宁弃官以伸气。”可以趁机也捞上一把却不肯同流合污，并且连官位都不要了，愤然辞去，何其难能可贵！

历史上有许多像张维屏这样不很知名却足以成为后世楷模的官员。又如明朝徐问，当了四十年的官，刑部、兵部、知府，从中央到地方，有职有权的地方他都干过，但是“敝庐萧然”，连自家的住房还都很不像样子。他当长芦盐运使的肥差时，一上任就开宗明义：“吾欲清是官也。”有了这个指导思想，他“终任不取一钱”。焦竑则借汉代大司徒王良自己“布被瓦器”、妻子每“布裙曳柴从田中归”的事迹而发问：“今之人有官清要而蒲席布被褥者乎？其妻有操井臼以养者乎？第施施然藉其权力，渔猎小人，为肥家饱妻子之计而已。”不必斤斤计较焦竑所用的字眼，需要思考的是他所阐发的实质问题。

“世罕见也”，无异于相当高的评价。张维屏的作为，也无异于污淖中的一股清流。这股清流得以涌现，是社会的希望所在。因为能够做到这一点，首先需要正气，其次需要勇气。

［史鉴］

张维屏，字子树，番禺人。工诗，计偕入都，翁方纲赏异之。与黄培芳、谭敬昭称“粤东三子”。道光二年进士，改官知县，署黄梅。江水溃堤，乘小舟勘灾，水急舟冲溜，挂树免。民为谣曰：“犯急湍，官救民，神救官。”调补广济，公费一资漕折，民苦之，势不可革，引疾去。汪廷珍语人曰：“县官不愿收漕，世罕见也！”

——民国·赵尔巽等《清史稿·张维屏传》

［诗鉴］

君才不可量，君行固无慝。

笃实有光辉，允承千年脉。

——清·周启运《汉阳舟次读张南山大令听松庐诗集题此奉赠》（节选）

勤

勉务实

勤政，乃为政者的履职之本。践行勤政必须做到脑勤思、手勤干、脚勤跑。要勤于学习、思在行前，避免拍脑袋、想当然式的懒政，以科学理论指导施政实践。要抓好日常工作中的小事和细节，不避难事、不畏阻碍，对每项任务都竭尽全力，推进到底，干出实效。还要深入基层、深入群众，问政于民、问需于民，如此才能担起时代的使命，不负百姓的期望。

诗人宰相张九龄 清正尚直开庾岭

张九龄（673或678—740），字子寿，韶州曲江（今广东韶关）人，唐朝名相、诗人，是历史上第一位在中央政府任宰相的岭南人。武则天长安二年（702年）登进士第，授校书郎。开元二十一年（733年）以中书侍郎拜相，为相敢言直谏、守正嫉邪，主张省刑薄徭、扶持农桑、选贤择能、革新吏治。向朝廷请开大庾岭路，为唐代南北交通贡献巨大。有《曲江集》传世。

张九龄像（韶关市委宣传部　供图）

“草木有本心，何求美人折！”这句诗出自《唐诗三百首》开篇第一首《感遇·其一》，诗人用春兰秋桂的芬芳美质，抒发了自己追求清操非为虚名的高雅志向。

这首诗的作者，便是唐代著名的诗人宰相张九龄。他的另一首《望月怀远》中的千古名句“海上生明月，天涯共此时”更是家喻户晓、广为传诵。

张九龄，字子寿，唐代韶州曲江（今广东韶关）人，是岭南地区第一位经由科举登临相位之人，也是唐代及之前官职最高、影响最大的粤籍历史人物。他以相业与诗文并举昭灼后世：他是唐玄宗心目中的“文场之元帅”，是开启山水诗“清澹”一派的盛唐诗宗；他亦是史家公认的“开元贤相”，《资治通鉴》以“尚直”一词概括其政治表现，“风度得如九龄否”更是一度成为唐玄宗选拔官员之标杆。张九龄在生前身后受到历朝历代从官方到民间的普遍尊崇与景仰，赢得了“自古南天第一人”的旷世美誉。

韶关现存有张九龄故居、张九龄墓、张九龄纪念馆等相关遗址。近年来遍布辖区三江六岸的网红打卡地点——“风度书房”，其灵感同样来源于“九龄风度”。2020年1月，占地面积超1.4万亩的韶关张九龄纪念公园和韶州历史文化博物馆同时宣布动工。“九龄风度”被重新定义为“以民为本，德望为先，才杰廉明，尚直宽和”，被注入了崭新的时代内涵。

犯颜敢谏　公私分明

张九龄出生于韶关一个地方官宦家庭，祖上是中原移民。七岁即聪慧能文，十三岁时就向广州刺史王方庆毛遂自荐，赢得后者“此子必能致远”的赞赏。他通过科举，进入仕途。张九龄先是进士科登第，再于“材堪经邦科”登第，被擢为秘书省校书郎；继而又登“道侔伊吕科”高第，升为左拾遗。此后官至中书令，左迁右丞相，再被贬荆州长史，其政治生涯几乎横跨了整个“开元盛世”。

张九龄在其所著的《曲江集》存诗中，曾自比为一只来自南方的渺小“海燕”，有幸乘春天来到长安“玉堂”庭前（《咏燕》）。诗里提到的“春天”，指的便是唐代国力的强盛以及在此期间逐渐成型的一项具有划时代意义的典章制度——科举取士制。士人应举，不必经过推选，可“投牒自应”，即自由报考，为大量像张九龄这样出身遐远、来自社会中下层的人才打开了施展抱负的空间。

《曲江集》中孤根、孤桐、孤雁之类的自喻随处可见，一方面展现出作为诗人的张九龄贞洁孤高的性情，另一方面“常恐横议侵”等字句也流露出深切的忧愤与孤独感。这很大程度上与其忠直耿介、一丝不苟的个性有关。正如其外甥、书法家徐浩在《唐尚书右丞相中书令张公神道碑》中所言，张九龄“善恶太分，背憎者众”，以至“百犬吠声，众狙皆怒”，“每读韩非《孤愤》，涕泣沾襟”。而《孤愤》正是韩非有感于战国时期韩国“廉直不容于邪枉之臣”的局势而写成的（参见《史记•老子韩非列传》）。

对于张九龄的“尚直”，《旧唐书》《新唐书》及《资治通鉴》等史料记载，唐玄宗即位后不久，才蒙“圣恩”赏识的张九龄立即上奏，指出玄宗未进行“郊祀”（在国都郊外举行祭祀祈福仪式），不符旧礼。

随后，他又上书首席宰相中书令姚崇，直陈其因徇私情致使用人失当，应远离谄佞浮躁之人，提携品行纯厚之士，甚至敬请姚崇“清省自修”。因与姚崇不合，张九龄不得不于开元四年（716年）秋辞官南归。

哪怕是对有恩于自己的“贵人”，他照样是公事公办，不顾情面。开元六年（718年），张九龄因开通大庾岭有功，重返朝廷，拜左补阙。《新唐书》载，继姚崇之后担任宰相的张说一向对其才华颇多赞美，常说“（九龄）后出词人之冠也”，多番向玄宗大力举荐。两人私下还曾互通谱系，认为同宗。

然而，开元十三年（725年）玄宗封禅泰山之时，张说趁机将其亲信列为随行人员，借机加官赐爵，遭到时为中书舍人（负责起草诏令）的张九龄的强烈反对。张九龄认为，官爵为“天下公器”，若将公器作犒劳旧部、拉拢人心之私用，必定会令“四方失望”，招致“讥谤”。张说不予采纳，不久果遭弹劾。张九龄也因与张说往来密切而受到牵连，由京官外放为冀州刺史。

守正嫉邪　远见卓识

从开元十五年（727年）开始，张九龄先后在洪州、桂州等地任职，至开元十九年（731年）任秘书少监兼集贤苑学士副知院事，第三次重回大唐权力中心，此后一路升至宰相，但依旧“遇事无细大皆力争”。特别是在重大人事任免、奖惩等问题上，他不惜屡次“犯上”，最终遭到罢黜。

对于官员录用一事，张九龄一向秉持儒家选贤任能的观点。他认为用人应视德才为先，不以个人资历功勋为标准；宜唯才取实，不以个人亲疏喜恶为依据；以实绩为重，不以个人背景名望为衡量。早年他曾四次参与吏部品评应举者的考核工作，素来以量才“平允”著称。

担任宰相期间，他曾力阻玄宗起用牛仙客为尚书。在他看来，牛仙客系自基层胥吏提拔上来，虽有地方治理的经验，但终究学识不足，“目不知书”，不具备出任尚书这样的中央朝廷柱石应有的素质。

而南宋洪迈所著的《容斋随笔》提到，张九龄曾经为牛仙客的父亲撰写《赠泾州刺史牛公碑》，文中对牛仙客在凉州都督任上的政绩予以了充分肯定，足见张九龄与牛仙客“非有夙嫌，特为公家忠计耳”。

至于张九龄反对玄宗拜李林甫为相，虽未有具体说明，但张、李二人为官、行事，一个“守正嫉邪”，一个“口蜜腹剑”，一个不愿亏耗国用，主动辞谢皇帝赏赐的田宅财物（《让赐宅状》），一个贪墨自肥、货赂公行，可谓南辕北辙。

《开元天宝遗事》载，唐玄宗曾召集近臣宴饮观鱼。李林甫趁机阿谀，说鱼儿鲜活可爱，“赖陛下恩波所养”。而张九龄却很不“识趣”地反唇相讥，称池子里的鱼有如“陛下任人”，徒为装点景致，令玄宗甚为不悦。

开元二十四年（736年）初冬，唐玄宗在东都洛阳，本拟次年春西还长安，因故打算即刻返回。张九龄考虑到“农收未毕”，建议推迟动身，以免沿途扰民。而李林甫却深明圣意，说天子往来行幸何必择时，主张即日西行。

在太子废立一事上，两人更是爆发激烈冲突。李林甫为巴结宠妃武惠妃，撺掇玄宗废太子李瑛，改立武惠妃之子、寿王李瑁为皇位继承人。张九龄极力劝谏，向玄宗历数历史上轻易更立太子导致国家内乱的前车之鉴。李林甫与武惠妃暗地派人传话，告知张九龄如愿襄助，“宰相可长处”，不料遭到其严词怒斥。张九龄将此事奏报玄宗，于是太子之位暂时得以保全（参见《资治通鉴•唐纪三十》）。

开元后期，玄宗渐渐疏于理政，溺于享乐，对待张九龄的态度也愈发微妙。一方面，对于张九龄在自己寿宴上献上一部论述前世兴废、意在警示的《千秋金鉴录》当作贺礼，他有意展示出宽宏雅量，下令褒奖；另一方面，又不满其频频“忤旨”，甚至怀疑其阴结朋党，遂怒而逐之。

张九龄曾断言李林甫“恐异日为庙社之忧”，又观察安禄山举止骄蹇，预言其将来必反，都被事实所应验。李林甫为相十九年，绝尽言路，党同伐异；安禄山拥兵自重，割据河朔，终致“渔阳鼙鼓动地来，惊破《霓裳羽衣曲》”（白居易《长恨歌》）。

安史之乱后，玄宗逃亡四川，此时张九龄已辞世十多年。忆起这位公忠体国的旧臣告诫，玄宗悔恨不已，特派人前往韶州祭奠，抚恤张氏家人。

开通庾岭　造福于民

“始终行一意，无乃过愚公。”（《杂诗五首》）张九龄对朝廷的忠诚从未改变。《唐诗纪事》载，罢相前夕，唐玄宗特命高力士赐给张九龄一柄白羽扇。当时即将入秋，扇子很快便成无用之物，张九龄顿时明了其中的用意，立即作赋表白心迹——“苟效用之得所，虽杀身而何忌”

（《白羽扇赋》）。

无论荣辱得失，他并未因仕途遇挫而消沉，外放期间仍尽心竭力，在农桑、赋税、商贸、基建等领域，同样表现出远见卓识。“九龄风度”亦因张九龄务实肯干的作风，彰显出鲜明的岭南人文色彩，实现了“仰望星空”和“脚踏实地”的辩证统一。

例如在任河南开稻田使期间，张九龄曾试图在中原地区普及岭南先进的水稻种植技术。这个设想虽在当时未能成功，却在北宋成为现实，增加了中原粮食产量。范仲淹在《晋祠泉》中就曾描述过黄河流域“千家溉禾稻，满目江乡田”的景象。这足以证明张九龄在发展农业方面的超前眼光。

更具典型意义的，是他在第一次南归期间，见秦代开凿的梅关古道年久失修，“人苦峻极”，便向朝廷献状请开新路，将岭南的丰富物产转运至内地，达到补充财政府库、满足江淮地区供应需求的目的。在玄宗的支持下，张九龄于开元四年（716年）冬，以左拾遗内供奉身份主持筑路工程，勘测、设计路线等工作均亲力亲为。工程启动时正值农闲时节，得到了当地老百姓的踊跃拥护，不到两年即宣告完工（参见《开凿大庾岭路序》）。

这条古代的“京广线”长十多公里，南通广东南雄，北接江西南安，可供

梅关古道张九龄铜像广场（蔡三朋　摄）

五辆马车并行，沿途还设有驿亭。直至1936年粤汉铁路开通前，它一直为沟通南北、振兴文教、促进融合发挥着不可替代的作用，泽被后世一千多年。

“所不卖公器，动为苍生谋。……感激有公议，曲私非所求。”（王维《献始兴公》）为政不求名位爵禄，而在乎民生福祉，王维、孟浩然、杜甫、王昌龄、苏轼等文坛大家都曾为张九龄的高风亮节所动容，以诗文相颂。在他的垂范激励之下，韶关从唐至清，共涌现进士近二百名，凭人杰地灵而闻名遐迩。

然而，张九龄未能逃出“自古忠臣多悲切”的命运怪圈，折射出封建皇权专制之下的诤谏监督体系的根本缺陷——吏治风纪如何，严重依赖于最高统治者的个人意志与政治素养，廉洁奉公者往往需要付出高昂的代价。位列凌烟阁二十四臣的魏徵，就曾因顶撞唐太宗李世民而险些惹来杀身之祸。魏徵因此感慨：“陛下导臣使言，臣所以敢言。若陛下不受臣言，臣亦何敢犯龙鳞、触忌讳也！”（《贞观政要》卷二）

在今天，坚持和完善党和国家监督体系，强化对权力运行的制约和监督，已成为推进国家治理体系和治理能力现代化的重要内容，摆在中国共产党治国理政的重要位置。只有把权力关进制度的笼子，才能遏制权力滥用和腐败滋生，这也是张九龄的故事留给今人的深刻启示，值得我们重视和反思。

评说张九龄

“风度得如九龄否？”《旧唐书·张九龄传》中唐玄宗的这一问，定格了张九龄“曲江风度”的历史形象。曲江，张九龄的故乡。风度，人的言谈举止和仪态，体现的是一个人的品质与修养。

张九龄的仪态如何，史无明确记载。玄宗之问，发生在张九龄罢知政事后，“宰执每荐引公卿”时，并且是“上必问”，因此，玄宗无疑极其认同张九龄的言谈举止以及所作所为。成为太上皇时，他仍然对张九龄思念不已，说他“谠言定其社稷，先觉合于蓍策，永怀贤弼，可谓大臣”。

历史上的许多官员，都有类似的“盖棺定论”。张九龄的得自钦定，更多的则来自百姓心中的那杆秤。比如东汉杨震暮夜却金，告诫对方“天知地知子知我知”，所以人们称之为“四知先生”。宋朝王珪自执政到宰相干了十六年，“无所建明，率道谀将顺”，口头禅就是三句话——上殿进呈，云“取圣旨”，皇帝有了批示，云“领圣旨”，下来传达，云“已得圣旨”，所以人们称之为“三旨相公”。明朝万安上朝，“止知呼万岁耳”，所以人们称之为“万岁阁老”。至于非著名人物，更可以说数不胜数。

“高节人相重，虚心世所知。”张九龄的清廉自守，只是他从政的一个侧面。典籍中的张九龄，尚直守正，坚持原则，既不唯上、不徇情，也不偏私、不阿党。所以如此，清廉这个侧面或正是必要前提，足以使他具备一种底气。用宋朝杨伯子的话说：“公忠仁明，皆自此生。”

【史鉴】

九龄体弱，有酝藉。故事，公卿皆搢笏于带，而后乘马。九龄独常使人持之，因设笏囊，自九龄始。后帝每用人，必曰：“风度能若九龄乎？”初，千秋节，公、王并献宝鉴，九龄上“事鉴”十章，号《千秋金鉴录》，以伸讽谕。与严挺之、袁仁敬、梁升卿、卢怡善，世称其交能终始者。及为相，谔谔有大臣节。当是时，帝在位久，稍怠于政，故九龄议论必极言得失，所推引皆正人。

——北宋·欧阳修等《新唐书·张九龄传》

【诗鉴】

圣言贵忠恕，至道重观身。法在何所恨，色相斯为仁。
良时难久恃，阴谪岂无因。寂寞韶阳庙，魂归不见人。

——唐·刘禹锡《读张曲江集作》

史以烛兴废，鉴以烛妍媸。上臣轸国忧，献替多诤词。
张公古遗直，特立天宝时。嵩呼聚郡僚，金镜展颂私。

——明·韩日缵《读张九龄千秋金鉴录有感》（节选）

真儒千载湛若水 慎以终始声名蜚

湛若水（1466—1560），字元明，号甘泉，广东广州府增城县（今广州增城区）人，明代思想家、政治家、教育家。弘治十八年（1505年）进士，选授翰林院庶吉士，后历任翰林院编修、经筵讲官、侍读等职。嘉靖三年（1524年）升为南京国子监祭酒，后任南京吏、礼、兵三部尚书。他清廉简朴，屡奏章疏劝谏君王节制私欲、勤政亲贤；积极弘扬岭南心学，讲学著述，于广东西樵、罗浮、增城等地广泛修建书院，种得桃李芬芳，促进了明代心学的发展与繁荣。

广州市增城区新塘文化中心广场的湛若水像（湛汝松 摄）

在增城县清湖都（今广州市增城区永宁街）的天蚕岭一带，长眠着一位在广东历史上有着深远影响力的学者——湛若水。古墓傍山而立，庄严肃穆，墓壁两侧题写有“山斗八座，真儒千载”和“九十五年，全归不朽”之刻铭，无声地述说着这位明朝大儒从政、治学的辉煌一生。

湛若水，字元明，号甘泉，明代著名思想家、政治家、教育家，为明代岭南心学开篇者、广东大儒陈献章（世称“陈白沙”）的衣钵传人。他与“心学集大成者”王阳明相交甚笃，二人曾共执明代中叶理学界之牛耳，被时人并称为“王湛之学”。在弘扬岭南心学的同时，湛若水终身致力于讲学授课，在五岭南北广设书院近四十所，培育了一大批文化精英，为岭南文化的发展作出了极大贡献。

与仕途不顺、长期居家讲学的陈献章不同的是，湛若水自四十岁步入仕途，至七十五岁告老还乡，曾历任南京吏部、礼部、兵部三部尚书，官至正二品。他崇尚清廉简朴，坚持儒家德治与仁政主张，提出了许多顺应时代、注重民生的举措，并对奢侈浪费等不良社会陋习及时予以纠正，对当时贪欲横流的朝野风气起到了一定的约束作用。他在晚年曾三次请求退休还乡，嘉靖皇帝亲自批示予以挽留。在他去世之后，朝廷给予了“慎以终始，完节全名”的高度评价。

作为广东乃至全国历史上作出过重大贡献、影响力颇大的思想家，湛若水的学术成就亟待进一步挖掘、宣传，而他在教育与从政经历中所倡导的清廉理念，至今仍垂范后世，尤其发人深省。

谢绝馈赠　树立公平

明朝成化二年（1466年），湛若水出生在广州府增城县甘泉都（今广州市增城区新塘）沙贝村的一户普通农家。据《增城县志》记载，湛若水从小性格稳重端庄，年少时家庭遭遇变故，父亲早丧，他由母亲陈氏抚养成长，十四岁才开始入学，十六岁到广州读书。

弘治五年（1492年），26岁的湛若水顺利通过乡试中举，可惜次年会试不第。这时，他没有选择继续备考，而是前往江门，从学于“白沙先生”陈献章。陈献章逝世前，将其讲学的场所——江门钓台赠予湛若水，视其为自己学术思想的衣钵传人。弘治十三年（1500年），陈献章去世，湛若水执礼守墓长达三年。

弘治十八年（1505年），临近不惑之年的湛若水在母亲的劝说下再次参加会试并高中进士，被选授为翰林院庶吉士，后来又历任翰林院编修、经筵讲官、侍读等职，参与编史、著述、收藏书籍，以及为皇帝讲授儒家经典等工作。在此期间，湛若水接连写下《初入朝豫戒游逸疏》《再论圣学疏》《讲后疏》等章疏，劝诫皇帝要“戒游逸”“勤政亲贤”，施行仁政，凭借“诚”之精神克服“私欲”，以图太平之业。

正德七年（1512年），湛若水受朝廷指派，出使安南国（今越南），执行册封安南王的任务。临别时，安南国王以金币等礼物私下相赠，湛若水婉言谢绝，并作《辞安南国赠物对》一文作为回复。在文中，他说道：“赠送金银财物给他人，不如赠送箴言鼓励。国王既已赠言，又何须另外馈赠金物？”他至公无私的事迹一时间传为佳话，深得人心。

嘉靖三年（1524年），湛若水升任南京国子监祭酒，即明代教育管理机构的最高长官。他认为大学作为“贤关之地”，必须严明学规，进一步完善国子监管理制度。在《申明学规疏》（类似于今日改进大学教学管理意见）中，他特意陈述“六事”，对当时教育制度上存在的一些弊端予以整治。

如在“示大公以孚生徒”一条中，湛若水指出，有学生因贫富差距而遭遇了区别对待，其中“有势力者”往往能获得优先选择的权利。因此，他提倡要树立公平公正的办学原则，不许徇私舞弊，应以“大公之法”，一视同仁地教育学生。

文中还有一条“署材长以备器使”，即针对国子监在职人员建立一定的考核制度，对德行道艺俱佳之才进行举荐，对假公济私、贪污受贿之人则要进行惩罚，从而达到“贤材自兴，善政自举，风俗日淳”的效果。

身体力行　杜绝奢靡

明朝嘉靖年间，朝政逐步腐败，皇戚贵族、官府豪强大肆兼并土地、横征暴敛，导致阶级矛盾日益激化。针对这些社会现象，湛若水又在《乞上下一心同济圣治疏》等文章中，重申儒家“天下民庶实为邦本”，“君为轻，社稷为重；社稷为轻，民为重”等观点。具体说来，就是采取“平物价”“轻赋税”以及鼓励民间贸易等措施，重视生产，并顺应商品经济发展的趋势，改善人民生活条件。

永乐十九年（1421年），明成祖朱棣将都城从南京迁往北京，南京作为留都，也保留了一套行政体系。嘉靖七年至嘉靖十八年（1528—1539年），湛若水先后担任南京吏部侍郎、礼部侍郎、吏部尚书、礼部尚书、兵部尚书等职。任兵部尚书期间，年事已高的他仍亲自骑马巡城，检阅水兵操练。南京作为六朝古都，当地侈靡旧俗盛行，子弟因为追求奢侈生活导致损家败业的情况时有发生。对此，湛若水提出“明礼法，以杜侈靡”“谨酒戒，以保身家”等观点，从法律层面遏制奢靡行为（《初任参赞机务南京兵部尚书告示》）。

在生活上，湛若水身体力行简朴之道。在《治官舍后小圃种蔬大吟》一诗中，他描述了在自家菜园里栽种蔬菜、自给自足的情形。他将菜园土地的纵横整饬，比作自己的内心，“周正无斜攲”。同时，他还将农事视为天下太平的根基，鼓励士大夫多从事劳动，亲身体验耕作的艰辛；举箸用餐时，要想到一粥一饭来之不易，把百姓的饥寒流离放在心里，避免糟蹋粮食。

在《送太守朱君之任肇庆序》中，他又借包拯“不持一砚归”的典故，指出官员清廉对社会民生的重要性：“夫清，德之源也，政之本也。”湛若水认为，官员只有保持自身的清廉方正，方能处理好司法、财政、军事等领域的治理问题，做到平息民争，宽裕民生，消除民患。有人质疑：小小一方砚台如何关乎政治得失？湛若水回答道：唯有从“一砚不取”这样的小事做起，才能守住底线，对于不义之财，无论价值几何，都不动丝毫邪念。

当时，南京民间朝拜、迷信风气也十分浓重，每逢节日焚烧纸钱、铺张浪费现象十分严重。湛若水力戒侈靡之风，号召勤俭节约，他认为与其将钱财过度耗费在祭奠逝者的仪式上，不如更多地投入到现实生活的需求中。对于城内聚众烧香、迷惑百姓的刘公庙等场所，湛若水不惧阻力，拆毁寺庙，“沉神像于江，毁淫祠而破滥祀”，又制定了相关的丧葬法令，让贫苦百姓也有归葬之地。

不计得失　广设书院

为官之余，湛若水的讲学生涯几乎贯穿其一生，“平生笃志而力勤，无处不授徒，无日不讲学，从游者殆遍天下”（过庭训《本朝分省人物考》）。退休后，他更是奔波于全国各地积极讲学著述，并先后在扬州、衡山和广东的西樵、罗浮、广州、增城等地修建书院近四十所（参见屈大均《广东新语》）。

在他的影响之下，这一时期的岭南书院不仅发展速度惊人，书院数量跃居全国第三，仅次于江西、浙江，更培养了不少名宦学者，为岭南地区民间教育的兴盛奠定了坚实基础。

湛若水之所以如此热衷于兴建书院和传道授业，一方面是因为他非常重视传承陈献章一派的治学精神，“足迹所至，必建书院以祀白沙”，以此表达对恩师的怀念与感激之情；另一方面，则在于他深感明朝中期的种种弊病，归根到底源于“纪纲不立，善恶未明”，必须从根源上着手，以教育为立国之本，才能移风易俗、振兴国运。

《广东新语》称湛若水官至上卿，衣食用度却很朴素。然而在兴办学院时，他却毫不吝惜，将薪俸收入用于修建学校、建置“学田”（古代学校所拥有的土地，以租佃给农民耕种获取地租来供给书院用费），以及周济穷苦学生。在南香山修建莲洞书馆时，他更是不计得失，为此倾尽“一二十年俸入”也在所不惜（《湛甘泉文集》）。

湛若水还为他创立的书院撰写了管理规则《大科训规》，指导学生如何学习和管理日常生活。他告诫学生，治学须先立志。一个人在开始学习前，首先要明确求学的志向为何，如同修筑房屋必先巩固其根本基础。

早年在江门求学期间，陈献章曾教育湛若水放下功名俗念，方能沉潜治学，有所精进。因此，湛若水特别提醒学生，一个人不要被物欲所蒙蔽，切勿将读书仅仅当成“举业之资”，以此谋取爵禄利益，而是应当将读书作为寻求“义理”的途径，然后如同“煎销金银”一般，历经千锤百炼，从中提炼出“大贤之心”，进而学以致用。

同时，他还敦促学生要“习礼明规”，努力进取，克勤防惰。他要求学生随时随地对自身的一举一动保持反省，不断提升学识水平和道德修养（《樵语》）。

于嘉靖十九年（1540年）开课的莲花书院，由湛若水率领门徒修建。图为位于广州市增城区西部的莲花书院遗址

嘉靖三十九年（1560年），湛若水病逝于广州禺山（今广州越秀），终年九十五岁，“城内外奔哭者以万计，海内外诸生服丧绖”（《甘泉先生文集》）。嘉靖四十二年（1563年）归葬于天蚕岭，数年后被追赠为太子少保，谥号“文简”。

明代学者罗洪先曾评价湛若水“其洒落似濂溪（周敦颐），其温雅似明道（程颢），其气魄似阳明（王阳明），其自得似白沙（陈献章）”。湛若水是矢志探求“天理”的学者，也是心中常存人民的廉吏。朝堂之上，他力尽职责，订立规制，引导朝野戒除时弊；书院之中，他如春蚕吐丝般苦心劝学，循循善诱，为传道授业鞠躬尽瘁。湛若水为后世留下了诸多精神财富，其高风亮节、清廉自爱的品德，值得每一个人深思回味。

评说湛若水

增城有幸，于宋明两朝先后出现了两位青史留名的贤人，既是名臣也为硕儒。前一个是崔与之，后一个是湛若水。

在名臣与硕儒的平衡上，湛若水似乎更倾向于后者。在广东本土，他是白沙先生的衣钵传人，但修正和发展了老师的学说，形成了另一个被称为“湛学”的学派，所以《明儒学案》在“江门学案”之外另辟“甘泉学案”，《广东新语》紧随“白沙之学”另辟“甘泉之学”。放眼全国，湛若水则可与“心学圣人”王阳明齐名比肩。用黄宗羲的话来概括：“王、湛两家，各立宗旨，湛氏门人，虽不及王氏之盛，然当时学于湛者，或卒业于王，学于王者，或卒业于湛，亦犹朱、陆之门下，递相出入也。”

湛若水生活在明朝从全盛走向衰落的时期，作为朝臣，目睹朝政的腐败，对“天下民庶实为邦本”有更深切的认识。他说得很通俗：“人君全倚靠那百姓去护卫他才得安富尊荣。若非百姓，则城池谁与他守，社稷谁与他保？”借“治官舍后小圃种蔬”，湛若水阐发了他“不熟知时馑，举箸思氓疲”的民瘼意识，得出“始知农圃事，是为太平基”的结论。他这个历任南京吏、礼、兵三部尚书的高官能够关怀民生，诚非偶然。宏观政策方面，他提出“分田”“劝农”“平物价”“轻赋税”，力戒奢靡之风；日常生活中廉洁自爱，淡泊名利。屈大均说："甘泉翁官至上卿，服食约素，推所有余以给家人弟子。"拜访学界的朋友，湛若水常常骑驴前往，时人因此发出感叹："其在今日，则万万无舍车而骑者。"因为人们"必以失体诮之矣"，有待遇不享受，根本不像个当官人的做派。

"人民之心即上天之心。"秉承如此理念，湛若水焉能不眼睛向下，又焉能不令后世记怀?

【史鉴】

嘉靖初，入朝，上经筵讲学疏，谓圣学以求仁为要。已，复上疏言："陛下初政，渐不克终。左右近侍争以声色异教蛊惑上心。大臣林俊、孙交等不得守法，多自引去，可为寒心。亟请亲贤远奸，穷理讲学，以隆太平之业。"又疏言日讲不宜停止，报闻。明年进侍读，复疏言："一二年间，天变地震，山崩川涌，人饥相食，殆无虚月，夫圣人不以屯否之时而后亲贤之训，明医不以深锢之疾而废元气之剂，宜博求修明先王之道者，日侍文华，以裨圣学。"已，迁南京国子监祭酒，作《心性图说》以教士。拜礼部侍郎。仿《大学衍义补》，作《格物通》，上于朝，历南京吏、礼、兵三部尚书。南京俗尚侈靡，为定丧葬之制颁行之。老，请致仕。年九十五卒。

——清·张廷玉等《明史·湛若水传》

【诗鉴】

千顷波前蚤濯缨，士林原重使君名。
不辞远道传天语，要使遐方共太平。

——明·梁储《送编修湛元明》（节选）

身轻似得长生术，名就犹当未暮龄。
人物斗南称第一，他年汗简有余青。

——明·林文俊《寿大宗伯甘泉先生二律　其一》（节选）

三朝阁老阮伯元 守正才优堪大贤

阮元（1764—1849），字伯元，号芸台，江苏扬州仪征人，清代官员、经学家、训诂学家、金石学家。乾隆五十四年（1789年）进士，为人实事求是、勤勉缜密，先后供职礼、兵、户、工等部，并出任山东、浙江学政，浙江、江西、河南巡抚及漕运总督、湖广总督、两广总督等职，所至之处，以提倡学术、振兴文教为己任，勤于军政，治绩斐然。晚年官拜体仁阁大学士，后赐“太傅”衔，谥号“文达”。

阮元半身像（扬州市家风展示馆 供图）

提到广东学术史、教育史，就不能不谈及创建于清道光四年（1824年）、原址位于越秀山麓的学海堂，它曾一度是清代广东最高学府，走出了“海内通儒”陈澧、“经学博士”吴兰修、校勘大家曾钊和谭莹、诗坛名宿张维屏、近代科学先驱邹伯奇、戊戌变法领导者之一梁启超等一批名垂青史的人物。它的创办者，是时任两广总督的清代鸿儒阮元。

阮元，江苏扬州人，字伯元，号芸台。阮元一生著述宏富，治学领域涵盖经学、金石、校勘乃至天文、历算、舆地、诗文等领域，“主持风会数十年，海内学者奉为山斗焉”（《清史稿·阮元传》）。在仕途上，阮元青年早达，活跃于乾隆、嘉庆、道光年间的政治舞台近半个世纪之久，被称为“三朝阁老，九省疆臣”。作为学者型官员，他将穷幽极微、求真务实、经世济用的治学原则贯穿于从政生涯，宦迹所到之处，均勤政廉明、治绩斐然，被道光皇帝称赞为“极三朝之宠遇，为一代之完人”。

严查亏空 实事求是

清乾隆二十九年（1764年），阮元出生于江苏扬州的官宦之家，祖父阮玉堂为武进士出身，官至参将，为官清廉，以致退休后家无恒产。父亲阮承信虽经济窘迫，为人却古道热肠，乐善好施，且非常注重教育子女。阮元在纪念父母的祭文《显考湘圃府君显妣林夫人行状》中回忆，其自幼随母亲识文学诗，也时常听父亲讲述《资治通鉴》中“成败治乱，战阵谋略”的道理，兼习骑、射。父亲时常教导他，读书应当“明体达用，徒钻时艺无益”，也就是说，要以掌握义理、学以致用为目的，不可贪慕浮华、不切实际。

乾隆五十四年（1789年），阮元考中进士，被选为庶吉士，入翰林院进修，后以第一名的成绩通过“散馆”毕业考试，获授编修一职。乾隆五十六年（1791年），在翰林院、詹事府在职人员的考核中，他再一次展露才华，被乾隆皇帝亲擢为一等第一名。此后，阮元历任礼部、兵部、户部、工部侍郎，山东、浙江学政，浙江、江西、河南巡抚及漕运总督、湖广总督、两广总督、云贵总督等职，官拜体仁阁大学士，晋太傅。

在长期的经学研究中，阮元形成了实事求是、勤勉缜密、一丝不苟的优良工作作风。根据张鉴等人编撰的《雷塘庵主弟子记》记载，嘉庆五年

阮元家庙及宅第（扬州市家风展示馆　供图）

（1800年）正月，阮元上任浙江巡抚后不久，便在清查府库时发现该省贪污、挪用、浪费公款成风，全省财政亏损竟高达白银四百多万两。

府库亏空案盘根错杂，时间跨度大，牵连甚广，许多岗位上的官员已换了几批人，涉案人员有的已被调任外地，有的已被革职，有的已经退休乃至辞世。尽管如此，阮元仍然本着高度负责的态度，不畏艰辛，推动案件查处。同时下令严禁各级衙门从地方搜刮掠取，要求现任官员痛改前非、摒除浪费、崇俭黜奢，将节省下来的费用按月上交。经过阮元的大力整顿，各州县亏损款项逐步得以弥补。

同年，金华等多地暴发水灾，一些地方官员因怕被问责而瞒报灾情。而阮元却实事求是，立即将受灾实情禀报朝廷，为灾民争取到四十万石赈粮。为避免胥吏里长相互勾结营私舞弊，他令人将赈粮的发放时间、户名、数量等信息一一张榜公示，并亲赴受灾地区巡视，确保赈粮发放到位。沿途所到之处，灾民扶老携幼举家相迎，赞声载道。

厉行廉洁　不收“私税”

阮元高度重视吏治问题，时常用“眼前皆赤子，头上是青天”等警句劝勉下属奉公守法。他还将清代乾嘉时期良吏兼学者汪辉祖的《学治臆说》《佐治药言》发给下属，引导众人以书中的“正心”“守洁”“崇俭”“勤事”“慎交”“戒己”等观点为师，提升修养，改良政风。

在赈灾救济、稽查税务等事务上，阮元在严防官吏从中牟取私利的同时，自己也厉行廉洁，以身作则。嘉庆十年（1805年），浙西因连日大雨暴发水灾。身为浙江巡抚的阮元紧急组织人手向灾民赈济银米，广设粥厂。他以“尽一份心即贫民多受一分之益”的理念，督促赈灾人员全力以赴，还为赈济灾民的米粥拟定了一条质量标准——“立箸不倒、裹巾不渗”，即筷子插上不会倒，毛巾裹着不渗水。他每日乘着小船到各个粥厂询民疾苦，与灾民同食米粥，只为保证赈粮“颗粒皆归民腹，不使稍有侵蚀”（阮元《硖川煮赈图后跋》）。因在浙江任上治理有方，政绩卓著，阮元赢得了嘉庆皇帝“颇能整饬、守正才优”的赞誉（张鉴等著《阮元年谱》）。

嘉庆二十二年至道光六年（1817—1826年），阮元赴广州出任两广总督，其间数次兼任广东巡抚、广东学政及粤海关税务。在此期间，阮元巩固海防、禁止鸦片、修堤筑路、兴学重教、剿寇平乱，治绩突出，且享有清誉。

当时的广州是全国唯一对外通商的港口，鸦片走私十分猖獗，鸦片贩子每年贿赂给粤海关执法人员的“私税”达十余万两之多。阮元执掌粤海关之后，带头杜绝“私税”积弊，将洋商之前所缴“私税”一律充公。他还向朝廷提议，以“镇之以威”的强硬态度来对待外国商船，对非法挟带、内外勾结经售鸦片者予以严惩。在其一系列打击措施下，中外烟贩开始有所收敛，不敢再恣意妄为。

阮元主政粤海关期间，广州海关征银多收六十多万两。对于税收盈余，他分文不取，一律收归关库。

道光六年（1826年），阮元调任云贵总督。当时，云南盐政衰敝已久，每年盐税亏空达十多万两。阮元到任后，即刻着手正风肃纪，他惩治了一批假公济私的污吏，并完善盐政制度条规，堵住贩卖私盐的漏洞。一年后，云

阮元曾主政的粤海关设立于康熙二十四年（1685年），原楼于1913年拆除，1914年粤海关大楼工程在现址奠基

南盐政税收即扭亏为盈；又过一年，盈余部分达到上一年的数倍之多，阮元便将盈余的一部分用于强化边防，有力维护了当地百姓生活的安定。

“茶隐”避客　谢绝收受

阮元虽位高权重，却始终严格自律，谢绝收受财礼，并由此成就了“茶隐避寿”的典故。

所谓“茶隐避寿”，就是指每年到了农历正月二十阮元生辰这一天，他都举家外出，到山间竹林等远离尘世之处，饮茶赋诗，欣赏美景，以此闭门谢客，不受旁人一缣一烛之贺。在两广总督任上，阮元就曾多次到学海堂避客“茶隐”。他在《正月二十日学海堂茶隐》一诗中有云：“地偏心远聊为隐，海阔天空不受遮。儒士有林真古茂，文人同苑最清华。”

阮元八十二岁时，曾在文章中这样回顾自己的“茶隐”经历：“至臣四十岁时浙江巡抚任内，凡寿日皆茶隐于外。五十隐于漕舟，六十隐于兼粤抚之竹林，七十在黔溪雪舟中，终身避此哗嚣之境。及今八十二岁，茶隐于长芦庵，巧遇溪山瑞雪之景……”阮元的高雅情趣和清廉之风，由此可见一斑。

在担任两广总督时，阮元经常赴各地视察，所到之处皆轻车简从，不扰民，不纳礼。有一次，阮元路过化州，听闻化州橘红之大名，为了不惊动地方，便遣仆人进园自行购买，还留下了一篇文章《化州橘红记》。

阮元唯一一次“收礼”的记录，是在他被调离两广，转任云贵总督之际，同僚友人弟子门生等以礼赠别。阮元命人将众人所赠礼品登记造册，悉数留作学海堂办学及刊刻书籍经费。

在严以律己的同时，阮元也十分重视家风家教。在孙儿抓周时，阮元曾特意用红笺作诗一首，表达他对子孙知廉耻、戒贪婪的殷殷期望：“翡翠珊瑚列满盘，不教尔手亦相拈。男儿立志初生日，乳饱饴甘便要廉。”（参见阮福辑《揅经室训子文笔》）此外，阮元还为后代写下“秋斋展卷一灯青，儿辈须教得此情”等诗句，以及“欢喜性生方嗜学，和平心定即修身”等楹联，鞭策儿孙专心攻读，定心明志，修身养性。

道光十八年（1838年），阮元退休回到家乡扬州，之后被赐予“太傅”衔。道光二十九年（1849年），阮元卒于扬州，获赐谥号“文达”。

阮元自幼深受父辈廉洁品行的熏陶，早在考中进士时，就为自己刻了一方名为“一品清廉”的砚石，以此自励；走上仕途之后，又以廉为荣，毕生躬行。他的一生，文称宗师，官有清声，以学辅仕，以仕倡学，堪为“学与仕合”的清廉典范。

评说阮元

“三朝阁老，九省疆臣”以及“一代文宗”，是乃时人对阮元之誉。从中不难窥见，他既是一名高官，也是一名鸿儒。用梁启超综合起来的评价，阮元乃“达官中之真学者”。

作为高官，阮元在广东时可能最为风光，总共佩有六印：两广总督、两广盐政、摄广东巡抚、太平关税务、广东学政、粤海关税务。作为鸿儒，他对经史、小学、天算、舆地、金石、校勘皆有造诣，若论对广东文化上的贡献，当以其领衔编撰的《广东通志》最可称道，今人称之为“阮通志”，具有极高的史料价值。

阮元还有难能可贵的一面，那就是洁身自好。这里面有家风起的作用。有人借为其父拜寿之名去他的家，带着厚礼。阮父之问振聋发聩：“君奈何无故而为我寿，不恤千金？”他当然明白对方的用意：“若曰有乞于吾之子，吾子受朝廷重恩，清廉犹不足报万一，而以此污之乎！”接着他厉声说道：“君以礼来，吾接君以礼，君以贿来，恐今不可出此门阈。”阮父身体力行，把捍卫儿子的“清白”看得非常重要，阮元显然继承了这种家风。阮元的孙子在粤督署出生，“一时僚属馈献悉令却去”之余，他还写了首绝句：“翡翠珊瑚列满盘，不教尔手亦相拈。男儿立志初生日，乳饱饴甘便要廉。”度其诗意，该是在孙子抓周的时候。

家风对塑造家庭成员的“三观”，作用明显。明末清初理学大家孙奇逢有个观点：“迩来士大夫绝不讲家规身范，故子孙鲜克由礼，不旋踵而辱身丧家者多矣。祖父不能对子孙，子孙不能对祖父，皆其身多惭德者也。”

当然，家风也不是万能的，必欲其发挥功能，家训本身先须发自肺腑，而不仅仅是一些具有普适性的华丽句子的堆砌；再要知行合一，上一代给下一代作出良好示范。阮元父亲及阮元自身，就是这样的“廉”字示范。

［史鉴］

以前次得人之盛不可复继，历官所至，振兴文教。在浙江立诂经精舍，祀许慎、郑康成，选高才肄业；在粤立学海堂亦如之，并延揽通儒：造士有家法，人才蔚起。撰《十三经校勘记》《经籍纂诂》《皇清经解》百八十余种，专宗汉学，治经者奉为科律。集清代天文、律算诸家作《畴人传》，以章绝学。重修《浙江通志》《广东通志》，编辑《山左金石志》《两浙金石志》《积古斋钟鼎款识》《两浙輶轩录》《淮海英灵集》，刊当代名宿著述数十家为《文选楼丛书》。自著曰《揅经室集》。他纪事、谈艺诸编，并为世重。身历乾、嘉文物鼎盛之时，主持风会数十年，海内学者奉为山斗焉。

——民国·赵尔巽等《清史稿·阮元传》

［诗鉴］

龙门高筑著书台，特许侯芭问字来。
幕下有花怜相府，座中无客不仙才。

——清·童槐《阮芸台师招入武林学院署下榻定香亭》（节选）

晚清名臣骆秉章 举廉惩贪世流芳

骆秉章（1793—1867），字籲门，号儒斋，广东广州府花县（今广州花都区）人，晚清名臣，政治家、军事家、战略家和书法家，湘军统帅之一。道光十二年（1832年）进士，充翰林院庶吉士，后历任侍讲学士、御史、湖北按察使、湖南巡抚、四川总督等职。性格沉毅镇静、虚怀若谷。主政湘川期间，整顿吏治，选贤与能，善治之功深入人心。同治六年（1867年）病逝于任上，赠太子太傅，谥号“文忠”。

广州市花都区马鞍山公园内的骆秉章铜像（黄楚旋　摄）

提起“晚清八大名臣”，人们脑海中首先想到的，或许是曾国藩、左宗棠等人。在这“八大名臣”之中，还有一位来自广州花都的湘军将领，此人便是活跃于道光、咸丰、同治年间的骆秉章。

骆秉章，广东花县（今广州花都区）人，曾留任京官十余载，又在地方担任封疆大吏长达十七年——抚湘十载，督川七年。其间，他尽忠职守、勤政爱民、廉洁奉公，受到朝野推崇。他出淤泥而不染，仕宦初期，身处贪腐积弊之中却坚拒贿赂，挺身对抗潜规则；升任朝廷重臣后，他敢于弹劾贪官污吏，积极举荐清廉人才，有效遏制任职地的贪腐之风，又通过一系列有力举措，安民生，促发展，救民于水火之中，在当时的政局中发挥了积极作用。在他曾任职的四川，当地百姓对他拥戴至深，将他与汉代的诸葛亮、唐代的韦皋并称（参见《清史稿•骆秉章传》）。

严查银库　坚拒贿赂

广州市花都区炭步镇华岭村，青山环抱，鸡犬相闻，世居村民以骆姓居多，这便是骆秉章的故乡。后来，骆秉章随家人迁往佛山，全家以经营传统手工扎作和代写挥春为生。因家境清贫，骆家人把通过科举取士改变命运的希望，寄托在家中最小的儿子——骆秉章的身上。

骆秉章自幼勤学，饱读经书三十余年后，年近不惑的他终于在道光十二年（1832年）考中进士，被钦点为翰林院庶吉士。此后，他留任京官十余载，因办事清正，深得朝廷信任。

道光二十年（1840年），骆秉章受命稽查户部银库。户部职掌全国田地、户籍、赋税、俸饷等事务，其下银库是贮藏各地解送京师税银所在地，存在许多非法敛财的门路。此前在此任职之人，往往心照不宣、沆瀣一气，导致银库长期亏空。

骆秉章在上任之初便被告知，按照惯例，库官在清点入库的银两时，每一百两便多收四两作为众人的“辛苦钱”，其中二两归库丁，二两归库官和查库御史，查库御史每年能得二万余两的额外收入。多收了这份“辛苦钱”后，这些人便将实收的六七百两，甚至是四五百两当作一千两来计算入库；或睁一只眼，闭一只眼，把银号送来的成色不足的银两收入库中，以此损公肥私。

面对这样的惯例，骆秉章断然拒绝。到任之后，他清查陋规，严格把关。查库期间，他要求库丁们必须严格称量入库银两，若税银数量不足，须补满为止。

对于徇私舞弊之徒，即便是相熟之人，他也决不手软。军机大臣潘世恩是骆秉章会试时的恩师，一日，潘家家丁和银号伙计前来交税，称银时却缺了二十五两。库官看在潘世恩的面子上，本想视若不见，却被骆秉章严厉制止，坚持让潘家补足税金。

民国时期瞿兑之所著的《人物风俗制度丛谈》有载，骆秉章在银库任职期间，诸事皆清廉慎严，“每月仅收饭食银三十八两，每年还分一百两犒赏车夫跟班”。各银号为了收买骆秉章，曾委托其同乡向骆秉章许诺，到任即送上礼金七千两，每年三节（端午、中秋、岁首）再分别孝敬七千两，都被他严词拒绝。他不仅洁身自好，还禁止随从在履行公职时索取分文。由于骆秉章的一丝不苟，据传有银号、库丁曾合谋，出七千两为其“买官”，试图将其调离银库。

然而，积弊已久的国库亏空问题，并未因骆秉章一人的正直廉洁而得到彻底改变。道光二十三年（1843年），户部银库东窗事发，亏短白银达九百多万两，骆秉章也因“失察”而被革职。直到朝廷彻查后，道光皇帝才发现骆秉章持正无私，于是重新任命他为五品右庶子，嘱托他好好为国效力。

主政湘川　整肃积弊

此后，骆秉章接连奉命赴山东、河南、江苏等省巡视，整肃官场风气，成绩斐然，得到广泛认可；后历任湖北按察使、贵州布政使、云南布政使等职。道光三十年（1850年），骆秉章被任命为湖南巡抚。

此时，湖南境内社会治安动荡，全省财政经费捉襟见肘。骆秉章通过调查，发现原因之一出在“漕粮陋规”上。原来，“漕粮”本是南方官员收入及办公开支的一个重要来源，出自农户纳粮时缴纳各种“浮收”（即附加费），但除去沿途运输、损耗和管理等实际费用，大部分“浮收”都被各级官吏差役层层盘剥、瓜分。不仅如此，“浮收”还因地而异、不断浮动，百姓苦不堪言。到了嘉庆、道光时期，“漕粮陋规”愈演愈烈，“浮收”有逐年递增的倾向，民众负担日益深重，生存艰难，税款积欠问题非常严重。朝廷虽有意整顿漕运弊端，但因官场腐败积重难返，也只能是治标不治本。

骆秉章意识到，要解决税款积欠问题，必须建立漕运新制。他下令限定“浮收”的准确细数，还派出廉洁士绅协助稽查，各州县官员若有阻挠一律撤职。改制之后，“浮收”的大幅压缩，减少了征粮过程中因贪腐造成的经济损失，同时缓解了粮户压力，恢复了粮户生产和纳粮的积极性。“农民则欢欣鼓舞”（《骆文忠公奏议》），“岁增银二十余万，民乃得减赋数百万”（王闿运《湘军志》）。

骆秉章另一个改革税制的重要举措，便是严格整肃地方厘金征收。“厘金”意为“一税一厘”，即严格有度地征税，防止地方奸吏巧立名目征收重税，借机中饱私囊。此外，他还从士绅中聘任专员，通过官绅相互监督的方式，提高行政办事效率，进一步保障了征税过程的公平、公正、透明（参见《骆文忠公奏议》）。

在骆秉章的多项举措之下，湖南财政得到明显改善，民心安定。左宗棠在《答湖南巡抚毛鸿宾书》中如此评价：“（骆秉章）不动声色而措湖湘如磐石之安，可谓明治体而识政要，非近世才臣所能及也。”

咸丰十年（1860年），清政府决定派骆秉章督办四川军务，并于次年任命其为四川总督。整顿吏治，是骆秉章治理四川的重中之重。在他看来，“吏治不修，则乱源不塞”。清吏治、肃贪腐，才是地方治理之根本（参见《骆文忠公奏议》）。

一到四川，他首先对不守军纪、擅自行动或者贪生怕死的一干将领进行了严厉处罚。四川布政使祥奎收受贿赂并放任下属讹诈、索贿，骆秉章予以罢免；中军副将张定川侵吞军资，骆秉章亦将其革职查办（参见《清实录》）。当时，即便骆秉章已是封疆大吏，仍无论寒暑都常身着便衣见客，设“缿筒”（即接收检举文书的器具），接收匿名“举报信”，务求了解最基层的真实信息（参见徐珂《清稗类钞》）。

举贤荐能　廉洁奉公

“治民以察吏为先，治兵以选将为要”（《骆文忠公奏议》）。本着这一理念，骆秉章在担任湖南巡抚、四川总督期间，将大量心力倾注在考察各级官吏的真实情况上。他一方面及时甄别、清退资质庸劣、才不胜任者，另一方面积极举荐廉洁、贤能人才，为稳定政局、保障民生奠定了基础。

清代王定安在《湘军记》中如此描述骆秉章：“骆文忠沉毅静镇，碌碌若无所能，而其大用在任贤不二，屈己以从人。”早在主政湖南时，骆秉章就以知人善任受人称道。他举荐的官员，有许多都是清正廉明、忠君爱国的典范，如“勤干廉明”的湘乡知县朱孙诒、“守洁才长”的武陵知县胡镛。对于刚正不阿却遭排挤的湖南的知县黄淳熙，骆秉章更是亲自登门拜请。此外，有经世才干之人，骆秉章也会不论出身，任人不疑，左宗棠、刘蓉等人便在此列（参见《湘军史稿》《清实录》）。

调任四川后，骆秉章为朝廷遴选、举荐了大批人才，一时间“名臣良将布满天下”（李光廷《骆文忠公行状》），以至于滇、黔、陕、甘等多省大吏的指派及相关大政方针，朝廷都多次咨询并重视骆秉章的意见（参见薛福成《庸庵笔记》）。

同治六年（1867年），年逾古稀的骆秉章病逝于四川总督任上。朝廷赞许其为“公忠诚亮，清正勤明”，谥号“文忠”（《清史稿·骆秉章传》）。去世时，骆秉章家中只有“一布帐，簏存百金”，箱笥中除官服外，其余衣服均是旧衫，仅存的一点银子也都是朝廷发放的俸禄银。骆秉章官至封疆大吏、一品大员，何以如此清贫？据骆府司掌会计之人透露，骆秉章平日廉俸所得，多用来周济穷困之人。由于骆秉章留下的积蓄不多，骆氏后人在获得朝廷五千两赏银后，才得以为其扶柩归乡（参见姚永朴《旧闻随笔》）。

《清史稿》等材料记载，骆秉章去世的消息传开后，成都为之罢市，百姓皆为之哀悼痛哭。晚清周询所著《蜀海丛谈》中还描绘了这样一个场景：骆氏后人扶柩自水路返粤路上，经过城镇时，当地居民都“夹岸罗拜，香烟千里不绝”。船行至夔府（今重庆奉节）时忽然搁浅，周围民众闻讯赶来，争相脱去鞋袜，跳进水里，帮忙将船推至水深处。湖南、四川人民感念骆秉章兴利除弊、救民于水火之中的功绩，纷纷自发为其建起宗祠，以供瞻仰。

薛福成在《庸庵笔记》中如此评价骆秉章：“德器浑厚，神明廉静，推诚以待贤俊，亮直以事朝廷。”纵观骆秉章的宦海生涯，兼具清正廉明的“德”与“器”：他奉公守法，杜绝以权谋私，方能有效落实利民政策；他拥有慧眼识英才的眼光和胸襟，秉持“举廉惩贪”的原则，方能招揽德才兼

光禄大夫家庙位于广州市花都区炭步镇华岭村，始建于清同治五年（1866年），是清朝皇帝钦赐给骆秉章的家庙（骆秉章研究会　供图）

备的优秀之辈，共襄国是。

近年来，在骆秉章的故乡——广州市花都区华岭村，骆氏后人多次集资修缮初建于清同治五年（1866年）的“光禄大夫家庙”，并在此举办诸如“开笔礼”等传统仪式活动。家庙中收藏有一幅骆秉章公官像，画像上的骆秉章器资瑰伟、风采严明，吸引着一代又一代的后辈进一步发掘、传扬这位晚清名臣清廉务实的品德与事迹。

评说骆秉章

清末革命党人、小说家黄世仲在其作品《洪秀全演义》里，将为广东花县同乡的洪秀全和骆秉章的人生经历写成一副对联，上联“夜浴鱼池，摇动满天星斗”，下联“早登麟阁，挽回三代乾坤”。上联谈的是洪秀全兴兵反清，撼动了清廷的东南半壁；下联讲的是骆秉章拜将入相，襄助垂危的清廷延续了统治寿命。

骆秉章去世数年后出生的文史学家费行简，却认为骆秉章“其实骄蹇庸碌人也”。即便如此，费氏还是不得不承认，骆秉章有两大长处值得赞赏——“任将甚专”“生平廉素”（《近代名人小传》）。

所谓“任将甚专”，是指骆秉章能虚怀若谷，知人善任。骆秉章在湖南、四川期间，非常注意吸纳和提拔人才。经他之手提拔的人，名气、成就最高者，是后来收复新疆失地，立下赫赫功勋的左宗棠。而左宗棠微末时好作狂生态，时与幕宾当着骆秉章之面，高声谈论军政时事，颇有喧宾夺主之意。骆秉章毫不在意，只重其才，可见其胸怀宽广、眼光独到。

所谓“生平廉素”，是指骆秉章的遗产只有“布帐一，银百两，破笥二而已，家无田屋以处子孙”。当时，骆秉章位居封疆大吏、一品督宪长达数年，这点资产说明他对自己实在过于苛刻。史载，他做湖南巡抚时，先后派出十万军队到邻省助战，同时无条件为军队提供了六百万两之巨的军饷。骆秉章被调任四川后，同僚陕西巡抚刘蓉在奏疏中提及骆秉章，说陕西用来作战的军队，全部是四川总督骆秉章派来的，“军火粮饷，无一不资于蜀”（《刘中丞奏议》）。

所以，骆秉章的遗产清单能简单如斯，作风廉洁殆无可疑。他去世后，蜀中父老“白衣家祭”，各家悬白布于门前，或书挽联，或贴上“如丧考妣”四字，以表哀思。结合当时兵凶战危的国家时局，骆秉章能获得蜀中父老的这等爱戴，可见其必有高明之处。

宋人司马光在《资治通鉴》里曾谈到，人才有四种：才德全尽谓之“圣人”，才德兼亡谓之“愚人”，德胜才谓之“君子”，才胜德谓之“小人”。如果单从骆秉章的故事来看，他在司马光的标准中应是属于“德胜于才”的人。但是，骆秉章在用人方面却不会因为属下有些小毛病就简单否定这个人，而是耐心引导。他用人的眼光和胸襟，似又为后人治理国家提供了更多有关廉行、抡才方面的借鉴。

【史鉴】

令刘岳昭援黔，由绥阳抵遵义，道路始通，后由黔规滇，皆秉章遗策也。六年夏，疾愈视事，命以四川总督协办大学士。十一月，卒于官，优诏赐恤，称其“公忠诚亮，清正勤明”，赠太子太傅，入祀贤良祠，四川、湖南建专祠。赐其子天保郎中、天诒举人，诸孙并赐官，谥“文忠”。

秉章晚年愈负重望，朝廷要政多咨决，西南军事胥倚之。所论荐人才，悉被任用，著勋名。川民感其削平寇乱，出于水火，及其殁，巷哭罢市。遗爱之深，世与汉诸葛亮、唐韦皋并称云。

——民国·赵尔巽等《清史稿·骆秉章传》

【诗鉴】

台馆饫清谈，一生学行惟虚己；

疆圻资硕画，盖世勋名不爱钱。

——清·何绍基《挽骆秉章联》

文潞国位业相同，仰七省声威，佑我湘江犹再造；

武乡侯经纶未竟，痛三朝元老，如公岭海更何人。

——清·蒋益澧《挽骆秉章联》

铁路之父詹天佑 清廉实干业德优

詹天佑（1861—1919），字眷诚，号达朝，祖籍徽州婺源（今属江西），广东南海人，清末民初铁路工程专家。幼年被官派赴美留学，光绪七年（1881年）学成回国，光绪十四年（1888年）加入中国铁路公司，参与一系列重要工程建设，光绪三十一年（1905年）任京张铁路会办兼总工程师，指导该铁路工程提前竣工。他心怀家国，对待工程一丝不苟、追求质量，任职期间清廉实干、力拒贪腐，被誉为中国首位铁路总工程师。

詹天佑铜像（黄楚旋　摄）

提到中国近代铁路史，就不能不提到“中国铁路之父”詹天佑，在他的主持下，中国人第一次自主设计并施工建造了京张铁路，开辟了国人自办铁路的崭新篇章。

詹天佑幼年作为清政府第一批官办留学生赴美求学。他毕业于耶鲁大学，学成回国后，怀抱着“实业救国”的理想，投身我国早期铁路建设事业，三十多年间沐雨栉风，不惧艰险，力排万难，奔走于大江南北，参与、主持修建了关外、新易、京张、粤汉、汉粤川等铁路，并在维护铁路路权、规划全国路网、统一行业标准、推广先进技术、培育工学人才等诸多方面，都作出了开创性的历史贡献，中国土木工程领域科技创新最高奖就被命名为“詹天佑奖”。

在那个风云变幻的年代，中华民族历经磨难。詹天佑提出“各出所学、各尽所知，使国家富强不受外侮，足以自立于地球之上”的口号，代表了中华民族永不屈服的民族气节；在筑路过程中，他秉持一丝不苟的科学态度、清廉实干的工作作风，严控成本开支，杜绝贪污贿赂，保证工程质量。他不仅为今人留下了见证中国人尊严、荣誉、胆识和智慧的铁路，也留下了一条以“修业、进德、守规、处事”为立身要则、堪为典范的人生之路。

赴美留学 发奋自强

在广州西关，有一条文化底蕴深厚、历史悠久的老路——恩宁路。沿着路边极具南粤风情的骑楼，走到十二甫西街42号，便可见到一栋古香古色、清末岭南民居式样的西关大屋，这里便是广州詹天佑故居及纪念馆所在地。

推开故居的趟栊门，映入眼帘的是墙上悬挂着的一副对联——“幽芳淡治仙为侣，傲骨嶙峋世所稀”。纪念馆中展出的詹天佑与友人的英文通信，采用花体字母，流畅飘逸；而其手书的中文家谱，则字迹工整稳重。一位深受东西方文化滋养的“海归派”科技精英形象，跃然如见。

1861年，詹天佑出生在广州一个茶商家庭。詹家原籍婺源，从其祖父开始定居于十二甫（十二甫旧属广州府南海县），并在此入籍。据光绪年间编修的《婺源县志》记载，詹天佑的家族中不乏忠良仁义的先贤，其中既有清廉恤民、颇有治绩的官员，也有为国捐躯、智勇双全的武将，其曾祖父、祖父都是乐善好施、德高望重的地方贤达。青年时期的詹天佑曾在编写家谱时，特意将《婺源县志》中有关先祖事迹的记述抄写于页眉上，以示敬慕之情。

1870年底，由近代著名教育家容闳倡议、得到洋务派支持的选派幼童留

位于广州市荔湾区恩宁路的詹天佑故居，建筑极具西关风情（黄楚旋 摄）

洋计划，获得了清廷批准。尔后，自幼聪慧过人的詹天佑顺利通过了选拔，成为首批官派赴美留学的幼童之一，于1872年夏天由上海启程赴美。

抵美之后，詹天佑很快就克服了语言障碍，完成了中学学业，随后又以优异成绩考入耶鲁大学。在亲身感受过横穿美国的火车之后，詹天佑出于一腔报效国家、发奋自强的赤子热忱，结合自身对工学的浓厚兴趣，选择了土木工程系，专习铁路工程。在耶鲁大学的三年时间里，他勤奋好学，曾荣获高等数学奖金和奖章。

1881年夏天，詹天佑获得耶鲁大学学士学位，随后奉命回国。然而，此时的中国积贫积弱，詹天佑虽满怀报国之志，却没有施展才华的舞台。他先是被派到福州船政学堂改学轮船驾驶，尽管用非所学，他依然表现出色，被派往“扬武号”战舰操练。

此后，詹天佑又转赴广东博学馆（后改为广东水陆师学堂）任教。在经历了长达七年的等待之后，1888年，詹天佑如愿以偿，经人引荐加入刚成立不久的中国铁路公司，终于有机会在铁路建设上大显身手。

詹天佑很快就展现出过硬的专业素养和勤勉敬业的干劲。1894年，在修筑津榆铁路时，他采用“压气沉箱法”打桩，完成了外国工程师屡次尝试均告失败的滦河大桥桥梁基础工程；1902年10月至1903年3月，在主持修建新易铁路期间，他不辞劳苦、废寝忘食地工作，甚至每天工作达十五个小时。

攻坚克难　厉行节约

广州詹天佑纪念馆中，有一件特殊的展品——一截铸着“1905”和“I. P. K. R.”（官办京张铁路英文缩写）字样、锈迹斑斑的铁轨。它见证了詹天佑面对罕见天险，艰苦奋斗、百折不挠，攻克筑路技术难题的超凡勇气、毅力和才干。

京张铁路虽然全长不过二百公里，但所经地势却非常险峻，施工难度极大。许多外国人公然宣称，中国工程师不可能胜任如此艰巨的铁路工程。

1905年，詹天佑被任命为京张铁路会办兼总工程师；1907年，升任该路总办，主掌全局行政及技术工作。他怀着“始则几忘其难，继则不敢畏难，且直欲自秘其难”的决心，“昼则手胼足胝，夜则绘图计工，困苦经营”

（《京张铁路工程纪略》）。他带领施工人员，通过反复勘测、潜心钻研，以“竖井施工法”打通居庸关和八达岭隧道，又设计出沿山腰铺设“人”字形爬坡路线、缩短开挖隧道长度等施工方案，降低了筑路成本，保证了工程进度。京张铁路于1909年提前两年竣工，被中外人士赞为伟业。

京张铁路的非凡之处，不仅在于技术领先、安全可靠，而且成本低廉，每公里造价大约仅为同时期国内其他铁路的一半。这与詹天佑科学施工、规范管理、厉行节约、廉洁奉公的工作作风密不可分。修建京张铁路用银七百多万两，身为总工程师的詹天佑手握大权，却想方设法在确保质量的前提下精简开支、力拒贪腐，总体施工耗费只有外国承包商开价的五分之一，最后还为国家结余了白银二十八万多两。

著名学者胡适在为铁路工程史专家凌鸿勋所著《詹天佑先生年谱》所作的序言中提到，过去晚清政府举洋债、用洋匠修铁路积弊甚深，“购料有折扣，包工有陋规，国家损失甚大，铁路之成本亦自然提高”。因此，詹天佑“尤致意于风气之改造，革除陋习，使国家不致蒙受损失”。

詹天佑的《京张铁路工程纪略》，对各项工程资金使用情况都有着清晰而细致的记录。不仅如此，詹天佑还针对大型工程中最容易出现腐败的环节，采取了一系列严格精密、强而有力的管控措施。例如，仅购买基建用地一项，就专门制定了二十六条章程，规定如有借故索取、私相串通等行径，“一经告发，或经察觉，立即追究”，并鼓励检举揭发；在修建办公用房时，詹天佑本着“一从俭朴，不务华赡”的原则，在注重经济适用的同时，对质量管理也不放松。

囿于当时国产水泥技术尚不成熟，詹天佑便以公开招标的方式采购德国水泥。他不仅制定了统一的采购标准，还要求投标商的报价要刊登在指定报刊上，公之于众。

詹天佑对选择包工人员格外慎重，对于承办不力的包工方，也拟定了完备周详的惩罚条款。据传，有包工头得知詹天佑喜爱花木，特意登门送上数盆名贵的桂花。詹天佑发现花盆内埋有金钱，识破用意后断然退回，还严正警告对方，休想用行贿手段来取得包工权。

后来，詹天佑在《敬告青年工学家》一文中，谆谆告诫工学后辈，包工人员“无不以利为归”，作为工程负责人，应以“勤慎”为方针，事必躬亲，“若不深察其性质，慎己之行为，鲜不受其愚弄也”。

淡泊名利　克己奉公

凌鸿勋评价詹天佑：“终身以工程技术为职志，躬行实践，不事宣传，不求表彰。”1903年春，新易铁路正式通车，慈禧乘坐后发现列车行进快速平稳，非常满意，便将火车包厢中摆设的珍品器物赏赐给詹天佑。而詹天佑只要了一件座式闹钟留作纪念，把其余奖赏分给了参与修路的施工同仁。

京张铁路建成后，詹天佑用清政府奖励的二千两白银，打造了一百七十八面金银牌，分给有功劳的下属。他还曾在全国大力推广美国人发明的“姜尼（Janney）车钩”，一度被误传为其本人所创。对此，他在编写《新编华英工学字汇》一书时，专门予以澄清。

1910年，詹天佑返回家乡广州，出任广东省粤汉铁路公司总经理兼总工程师。他针对公司员工上班时敷衍懈怠、管理混乱等情况进行了严肃整顿，使公司面貌焕然一新。辛亥革命爆发后，政权更替，局势动荡，广州城中的显贵纷纷逃往香港。詹天佑虽然曾任清政府二品技术官员，此时却带领全体员工坚守岗位，保证列车照常运行。

民国成立后，詹天佑担任交通部首任技监，主持全国交通技术工作，又创立了中华工程师会（后改为中华工程师学会）并被推选为会长。詹天佑收入优厚，但积蓄极少，原因之一便是他热心公益，多次为各地学校、医院、慈善团体慷慨解囊。1914年和1915年，广东连续遭遇特大水灾，詹天佑在汉口成立救灾会，带头捐资赈灾，受到时人敬重。

由于工作原因，詹天佑常年奔波，时常带着家人住在工地上条件简陋的临时居所里，八个子女也分别在北京、广州等六个不同地方出生。尽管如此，詹氏夫妇两人感情融洽，詹天佑因为夫人谭菊珍吃饭较慢，饭菜易凉，还特意设计订造了一套保温餐具，供夫人专用。

1919年，詹天佑带病出席国际联合监管远东铁路会议，极力维护中国铁路主权，后因操劳过度，不幸病逝于汉口。他在辞世前所作的《遗呈》中表露：“从事路工始终垂三十年……从不敢殖产营私，平日里训诫子弟，一仍

1899年詹天佑在锦州路段工作时，把家安在工地上（胡文中　供图）

以工学为目的。”

他平生一心为公，临终亦语不及私，唯陈三事：发展中华工程师学会，兴国阜民；慎选代表管理中东铁路（东清铁路），以扬国光；脚踏实地建成汉粤川铁路。家属子女遵照他的遗嘱，将平时节省下来的钱，买了铁路债券，支持国家铁路建设。

作为我国民族铁路事业先驱，詹天佑的一生，时时处处都表现出优秀科学家所具有的精忠报国、敢于担当、求真务实、廉洁刚正的高尚情操，周恩来总理称赞他是“中国人的光荣”。在著名的《敬告青年工学家》一文中，詹天佑郑重地提醒青年技术人员，在精研学术的同时，更要崇尚道德，行事应当讲求规范，不违良知，“不因权利而操同室之戈，不以小忿而萌倾轧之念”，“视公事如家事，以己心谅人心”。这篇文章既是詹天佑毕生心得的总结，也是中华民族优良传统、廉洁精神和科学情怀的有机结合，至今读来仍是满纸铿锵、发人深思、催人奋进。

评说詹天佑

詹天佑最为世人所熟知的，是他作为总工程师主持修建京张铁路，那是中国首条不使用外国资金及人员，由中国人自行设计、投入营运的铁路。而詹天佑不大为世人熟知的，是他在临终口授《遗呈》中的真情表露："从事路工始终垂三十年，只知报国，从不敢殖产营私……"简单的话语，也是他对自己一生的高度概括。

"中国地大物博，而于一路之工，必须借重外人，引以为耻！"是为詹天佑的报国观。在留美幼童中，回国后服务于铁路界的约有三十人，在铁路界担任过要职的也有十多人，他们遍及全国各地，参与了国家各条铁路的修筑，当中最杰出的代表无疑当推詹天佑。他打破的是"中国人不能独立修建铁路"的预言，而在层峦叠嶂、石峭弯多的崇山峻岭间修成从北京到北方重镇张家口的这条铁路干线，对祖国的赤胆忠心与精湛的技术本领，缺一不可。弥留之际，詹天佑也语不及私，对培育工程学后人、国家铁路事业发展、维护中国铁路权益等三件大事提出建议，以"得尽天佑未了之血忱"。

"从不敢殖产营私"，是为詹天佑的廉洁观。京张铁路比原计划提前两年完成，节约经费二十八万多两白银，比让外国人修建节省五分之四的费用。仅此一点，已足窥詹天佑勤俭节约、廉洁奉公的工作作风。我们有理由相信，《詹氏家训》对詹天佑起到了熏陶作用。家训中的"训尔廉"一条，有"惟义是从钱不爱，利害两字总无干""我劝儿孙廉居心，合浦还珠只因廉"等教诲。詹天佑不仅践行了这一优良家训，而且将之发扬光大，对青年知识分子提出了"修业、进德、守规、处事"等必须具备的立身要则。

在詹天佑身上，我们既看到了半殖民地半封建社会中国知识分子所体现出的爱国情怀，也看到了中华传统美德所塑造出的经久不衰的人格魅力。

［诗鉴］

君之始事，中外危疑，及其成功，鬼设神施。
众归君能，异喙交誉，君则㧑谦，萧然无与。

——民国·徐世昌《詹天佑碑铭》

辟崎岖险恶以为通衢，大功告成，全球惊叹。
愿西北东南同循轨道，有志未逮，行路嗟嗟。

——民国·王新铭《挽詹天佑联》

清廉持俭

《周书·裴侠传》有言：『清者莅职之本，俭者持身之基。』廉洁自律既是为政的基石，也是为政的底线。为官者要把好廉洁的关口，不仅需要严守外在制度的约束，更要在思想和灵魂深处恪守老老实实做人、清清白白为官的道德信念。各级干部唯有对『清廉是福，贪欲是祸』的至理思深悟远，并将其落于实践，仕途才能踏得稳、走得远。

晋代良吏吴隐之 敢饮贪泉明心志

吴隐之（？—413），字处默，濮阳鄄城（今山东鄄城）人，东晋廉吏、名士。早年受荐出仕，历任奉朝请、尚书郎、御史中丞、左卫将军、中书侍郎等要职。元兴元年（402年），出任龙骧将军、广州刺史，领平越中郎将。治理广州期间，力矫贪渎腐败，以清廉著称，特意经过贪泉，饮水赋诗明志。经过他的努力，岭南风纪大为改观。义熙八年（412年）授金紫光禄大夫，次年去世，获赠左光禄大夫、散骑常侍。

位于广州市白云区石井镇内的贪泉遗址（徐昊　摄）

《楚辞•渔父》借屈原与渔父的一段对话，提出这样一个灵魂拷问：在一个“世人皆浊”的年代，是见机行事、随波逐流，还是保持正直清白，绝不同流合污？

如果说东汉的杨孚正直勤政，是因为他有幸遇到了明君治世，那么在大约三百年之后分裂动荡的东晋末年，却有这样一个人，面对一口据说饮后必生贪念的贪泉，敢于犯险试酌，用一生的克勤克俭、清恪自守，证明贪欲生于人心，而不在于环境，为后世为官者作出了表率。

“古人云此水，一歃怀千金。试使夷齐饮，终当不易心。”这就是被《晋书》推为“晋代第一良吏”的吴隐之所作著名的“贪泉诗”。

吴隐之饮“贪泉”的典故，曾被王维、李白、白居易、钱起、苏轼等人的诗文广泛引用，更因王勃《滕王阁序》中的名句“酌贪泉而觉爽，处涸辙以犹欢”而誉满天下。这段历史就发生在距离广州市区西北约二十公里处的石井镇石门村，贪泉原址立有石碑以示纪念。

其实，吴隐之身处的东晋官场，对人性的考验远甚于贪泉。战乱频繁，生灵涂炭，权贵当道，贪腐成风……诚如宗白华在《美学散步》中所言，汉末魏晋六朝是“最富有艺术精神的一个时代”，也是“政治上最混乱、社会上最苦痛的时代”。当同时期的许多读书人对现实深感失望，转而谈玄论虚的时候，吴隐之的故事愈发令人深思。

身居高位　清俭如旧

一介布衣，出身贫寒，既无祖荫，又无资产，却得名流举荐，又获权臣赏识，在公卿乃至皇室的连番提拔下，一路平步青云，直至官居大位……

观其一生，吴隐之的仕途顺畅到令人不可思议。特别是在晋代，门第观念根深蒂固，选官制度成为世家子弟晋升的“快速通道”，以致“上品无寒门，下品无势族”（《晋书•刘毅传》）。吴隐之的际遇堪称是一出平民逆袭的传奇。

吴隐之，字处默，濮阳鄄城人，生年不详。祖上曾是与司马懿、陈群、朱铄并称曹丕“四友”之一的吴质，因辅佐曹丕称帝有功，得以封侯，子孙也都做过官。

到了吴隐之这一代，家道中落。《晋书•吴隐之传》说他“美姿容，善谈论，博涉文史，以儒雅标名”，弱冠之年就品行出众，就算穷到每日以豆粥果腹，也不取不义之财。

吴隐之在成为清官之前，首先是一个孝子。他早年丧父，侍奉母亲很是用心。母亲去世时，隐之和胞兄坦之悲痛欲绝。传说两人恸哭之声感动了天地，引得双鹤鸣叫，盘旋不去。

《晋书》对吴隐之出仕经过的记载，很有几分戏剧色彩：玄学家韩伯母子与隐之为邻。韩母闻其哭声，难过到食不下咽，便对儿子说，如果他将来做了掌管人事任用权的大官，就该举荐像吴隐之这样的人。不料竟一语成真，韩伯果然累迁至吏部尚书，在他的力荐之下，吴隐之从一个地方基层文员——功曹开始，踏上了从政之路。

东晋自南渡以来，皇室孱弱，大权旁落，觊觎帝位的各股势力蠢蠢欲动，叛乱四起。以前秦为首的北方诸国虎视眈眈，后期又爆发大规模农民起义，内忧外患使得朝中形势复杂难测，时常“城头变幻大王旗”。

然而，吴隐之在东晋晚期数十年的为官生涯中，却仿佛超然于外，屡受褒赏，历任奉朝请、尚书郎、御史中丞、左卫将军、中书侍郎等要职。

不仅如此，晋孝武帝司马曜、大司马桓温、淝水之战晋军大都督谢石以及北府军将领刘裕等人都对他颇为器重。这些皆是当时处于权力斗争巅峰的关键角色，谯国桓氏与陈郡谢氏两大家族互为死敌，而刘裕曾率兵讨伐谋反篡位的桓温之子桓玄，自己却又成了终结东晋江山的“南朝第一帝”。

吴隐之能夹在各派朋党的利益攘夺之中免受冲击，受到多方礼遇，原因还是在于他令名远播。任晋陵太守时，他仍和显达之前一样布衣蔬食，负柴之类家务仍由妻子操持，把俸禄赏赐都分给亲族，使得家无余财，冬月无被，洗衣时没有多余的衣物替换，只得披棉絮取暖，“勤苦同于贫庶”。

隆安年间（397—401年），吴隐之出任广州刺史，“清操逾厉”，常食不过蔬菜及干鱼，官方配备的帷帐、器具、衣服一律弃而不用、交到库房。

随后，他还升任度支尚书、太常等职。从掌管一郡（市）、一州（省）到一国财政税收，他始终厉行俭朴，每月饷银仍旧只留基本用度，其余用来救济他人。家人纺织度日，妻子儿女不沾寸禄，遇到困难时期，甚至吃不上饱饭，身上穿的衣衫破旧不堪。

吴隐之的立身处世，与历史上那些来自底层、一旦大权在握便极尽搜刮的贪官形成了鲜明对比。例如《长安十二时辰》中庶民出身、依靠攀附钻营上位的反派官员元载，历史上就确有其人。

岭南垂范　革除旧弊

吴隐之砥砺清节的作风，也曾惹来“做作”的非议，因其所处时代的社会风气，从中央到地方都与“清廉”二字格格不入。

历代史书以及《世说新语》《抱朴子》等文学作品中关于晋代王公贵族昏聩、荒淫、残暴、奢靡的种种记载不胜枚举，例如晋武帝为了选妃禁止天下婚嫁、晋惠帝的“何不食肉糜”、石崇与王恺炫奇比富等。西晋第二位皇帝即位时，已是“盘剥百姓，政出群下，纲纪大坏，货赂公行，忠贤路绝，谗邪得志”（《晋书·惠帝纪》）。

到了东晋，门阀世族气焰熏天，大肆兼并土地，贪污受贿，以穷奢极欲为荣。吴隐之昔日的上司谢石就是一例。谢石出身名门、战功彪炳，却又

"聚敛无餍，取讥当世"。太学博士范弘之曾批评他贪掠财物、大兴土木、生活奢靡、不惜财力，实为"人臣之大害"（《晋书•儒林列传》）。

有意思的是，谢石曾主动请吴隐之任其主簿。身为将军的秘书，吴隐之嫁女的时候，为了筹措嫁资，竟然要临时遣仆人上街卖狗，"此外萧然无办"。谢石对他多有照拂，知其清贫，还专门派人替他置办婚宴。两人一为巨贪，一为良吏，这段关系颇为耐人回味。

像谢石这样的晋代官僚阶层之所以敬重廉吏，是因为他们深知吏治廉明的重要。曹魏时期出现了我国历史上第一部监察法规《六条察吏》。在此基础上，西晋又出台了《察长吏八条》和《五条律察郡》，分别明确了对高级官员（长吏）和郡县政绩民生的监察范畴。

在有成法可参照的情况下，东晋朝廷忌惮大规模的反腐整治会动摇统治根基，失去豪门望族的支持，故而一方面采取"镇之以静，不为察察之政"的暧昧态度，姑息放任，甚至沆瀣一气，另一方面，又把期望寄托在吴隐之这样的贤能身上，派他南下广州，"革除旧弊"。

那时，岭南路途遥远，瘴疫流行，却是自汉代以来的水陆货运枢纽，山海珍异辐辏，是世人艳羡的"金山珠海，天子南库"（屈大均《广东新语》），加上天高皇帝远，疏于监管，极易滋生腐败。《南齐书•王琨传》有云："南土沃实，在任者常致巨富，世云'广州刺史但经城门一过，便得三千万'也。"而石门处于广州西北水路要冲，为履新必经之地，"一饮贪泉，廉士必贪"的说法便由此而来。

为避免重蹈前任官员覆辙，吴隐之特意在上任途中拜访贪泉，当众饮水赋诗破除流言。就任后他不辱使命，大力惩治贪财纳贿行为。有部下为了示好，给他送鱼时去除鱼刺，吴隐之非常厌恶，将之呵斥赶出帐外。

经过他的努力，岭南风纪大为改观。晋安帝下诏表彰他："夫处可欲之地，而能不改其操……革奢务啬，南域改观。"（《晋书•吴隐之传》）

廉慎传家　影响深远

离任之前，孙恩、卢循领导的农民起义战火波及广州，吴隐之及家眷一度被卢循俘虏。危急关头，幸得刘裕出面调停，吴隐之才得以获救。

归舟之日，吴隐之行李单薄，“装无余资”。今天，广州市石井镇贪泉附近、流溪河下游有一个小岛。传说吴隐之在船上清点随行物品，发现妻子带了一斤沉香，因怀疑来路不明，遂丢到水里。沉香一入河中，顿时化为沙洲，故而得名“沉香沙”，又名“沉香浦”。

返乡后，吴家仅数亩小宅，茅屋六间，以竹篱为院墙，都很简陋。刘裕赐给吴隐之车子、牲畜，为他起宅，都被他谢绝了。

义熙八年（412年），吴隐之正式退休，被授予金紫光禄大夫，次年辞世。他多次获得朝廷的优赐嘉奖，天下廉士以之为荣。

当初，吴隐之的先祖吴质同样出身寒微，才学通博，却因为仗着曹丕恩宠“怙威肆行”，卒后被谥为“丑侯”，还是靠着儿子坚持不懈上书二十余载才获得平反。吴隐之是否受此影响不得而知，或许对他来说，只有“廉慎”二字，才是茫茫宦海唯一的安身立命之道。在他去世以后，这两个字成为吴氏后人的家规，他的子孙在为人“孝悌洁敬”方面代代相传。

吴隐之的事迹对岭南官场影响深远。宋代淳熙（1174—1189年）初年，福建泉州人李维、李纶兄弟同赴广东为官，曾在石门江边举杯起誓：“倘负

贪泉遗址附近的“吴隐之无惧饮贪泉”典故（徐昊　摄）

军民，有如此水！”说完将杯子投入江流，竟然不沉。两人亦兑现承诺，广施廉政，受到百姓拥戴。有人编了这样一首民歌以示赞颂：“石门之水清且清，晋吏一歃千古荣。争如李公投杯盟，水流汹汹杯停停。”（参见《四库全书·广东通志卷三十九》）

事实上，在吴隐之之前，东汉末年至魏晋时期，中国历史上也曾涌现出毛玠、崔琰、胡质、胡威、傅玄、陶侃等一干以忠廉直亮著称的名士。特别是陶侃在任广州刺史期间，整肃秩序，执法廉明，还留下了一段“搬砖自励”的佳话，可见并非人人皆会“越岭丧清”。

另据宋方信孺《南海百咏》所载，五代十国时割据广州地区的南汉统治者因不喜贪泉之名，派人运石填埋，贪泉从此不存。而到了清初，到广东做官仍被视为一桩“油水丰厚”的美差，大小官员一旦接到赴粤调令，“靡不欢欣过望”，“以为十郡膻境，可以属餍脂膏”（屈大均《广东新语》）。

贪泉的存没与岭南古代官场的关系足以证明，吴隐之对“廉”的见解是十分精辟的——一个人是否廉洁，归根到底在于内心信念是否坚定。他曾告诫身边人“不见可欲，使心不乱”，保持心境澄明，从而处浊流亦能自清；反之，若因贪念动摇了心志，进而利用职权徇私渔利，却归咎于外部因素的诱惑和误导，不过是推卸责任、自欺欺人罢了。吴隐之在一千多年前尚且明白这个道理，今人更应引以为戒。

评说吴隐之

吴隐之饮贪泉水而言志的故事，大抵世人皆知。他也许是最早对贪泉“功能”证否的官员，所以房玄龄等撰写的《晋书》赞曰：“吴隐之酌水以厉精，晋代良能，此焉为最。”

位于广州石门的贪泉，不仅名字不那么好听，而且“相传饮此水者，即廉士亦贪”，还有能够使好人变坏的“实用功能”。泉水能使人“易心为墨”，十足令人惊诧莫名。然广州刺史吴隐之上任之际，专门去贪泉“酌而饮之”。结果呢？为官却是“清操逾厉”，践行了自己“试使夷齐饮，终当不易心”的承诺。用晋安帝的话说，叫作“处可欲之地，而能不改其操”，而当初派他前来，正是“欲革岭南之弊”。之后，唐朝广州都督冯立也是这样。面对贪泉，他说：“饮一杯水，何足道哉！吾当汲而为食，岂止一杯耶，安能易吾性乎！”说罢“毕饮而去”。在职数年，冯立也是“甚有惠政”。

清代学者屈大均是广东人，他对家乡的泉水负“贪”之恶名十分不服。他指出，如果贪泉“饮之辄使人贪”，东莞还有廉泉，“未闻有饮之而廉者也”，怎么就没有喝了变得廉洁的呢？为什么同样是泉水，“廉者不能使人廉，贪者乃独使人贪？其人累泉乎？泉累人乎？”

屈大均之问，何其振聋发聩！“泉之见罪，非有吴刺史不能释”。的确，从吴隐之为贪泉平反开始，后之仍持“易心为墨”论调者，暴露的只是其把贪腐怪罪于客观环境的一面。

［史鉴］

朝廷欲革岭南之弊，隆安中，以隐之为龙骧将军、广州刺史、假节，领平越中郎将。未至州二十里，地名石门，有水曰贪泉，饮者怀无厌之欲。隐之既至，语其亲人曰：“不见可欲，使心不乱。越岭丧清，吾知之矣。”乃至泉所，酌而饮之，因赋诗曰：“古人云此水，一歃怀千金。试使夷齐饮，终当不易心。”及在州，清操逾厉，常食不过菜及干鱼而已，帷帐器服皆付外库，时人颇谓其矫，然亦终始不易。帐下人进鱼，每剔去骨存肉，隐之觉其用意，罚而黜焉。

——唐·房玄龄等《晋书·吴隐之传》

［诗鉴］

人其禄仕为齑盐，溪壑民财饱未厌。
不识隐之心与口，酌泉依旧只清廉。

—— 南宋·白玉蟾《酌贪泉因吊吴隐之　其一》

贪廉自我非泉致，刺史诗篇万古新。
展卷萧然袍笏在，世间多少负惭人。

—— 明·文徵明《吴隐之画像　其一》

清廉名相李玄卿 出身宗室克俭勤

李勉（717—788），字玄卿，宋州宋城县（今河南商丘）人，唐朝宰相、宗室。早年曾任开封县尉，后任监察御史，累迁至京兆尹兼御史大夫，拜广州刺史兼岭南节度观察使。大历十年（775年），任工部尚书，封汧国公，不久出为永平军节度使，兼汴宋节度使。虽出身宗室，但性情沉雅清峻，处荣华之地而不改廉洁之志，为官不阿权贵、精察善断。贞元四年（788年）病逝，册赠太傅，赐谥“贞简”。

李勉像（简仁山　作）

“为官五十余年，清风两袖；过手万千财物，一无所取。”据传，这是后人为缅怀中唐贤相李勉而撰写的一副对联。

李勉，字玄卿，宋州宋城县（今河南商丘）人。在官至相位的唐代廉吏中，李勉是颇为特殊的一位。他是唐高祖李渊第十三子、郑王李元懿的曾孙，凭“亲戚之法”而非科举入仕。在安史之乱前后的大变局时期，他历经玄宗、肃宗、代宗、德宗四朝，担任过开封县尉、监察御史、京兆尹、御史大夫、工部尚书等职位，获封汧国公，还曾在多地出任节度使，晚年入朝为相。

虽然出身宗室，但从政数十年来，李勉始终公忠雅正、严惩污吏、立身清俭、关心民瘼，被陆贽、刘昫等文史学者推为宗臣之表、国储（太子）之师。在出任广州刺史兼岭南节度观察使的数年间，李勉平定叛乱、协调外贸，并留下了一段克己奉公、“江中沉宝”的美谈。

不仅如此，李勉还是一位富有传奇色彩的历史人物：他精通音律，擅长演奏、作曲、制琴，是被明代《琴书大全》载入史册的全能型古琴妙手；同时，因一生行事颇具扶危济厄、古道热肠的任侠之风，其事迹多次被《太平广记》、“三言二拍”等古代小说加以衍化、宣扬。

谈到李勉，宋代费枢在《廉吏传》里曾作过一番评价："论曰廉贫之节，得之寒士易，求之王族难，何则？非素习也。历观前代，惟汉唐宗室之贤为最多，其处富贵利达而清约类寒士者，李勉一人而已。"

那么，李勉是怎么做到处荣华之地而不改廉洁之志的呢？这还要从他的家族说起。

家风清正　开封惩贪

李勉成长于唐玄宗执政的"开元盛世"，此时距离唐高祖李渊一统江山已过百年，天下承平已久。原本旗鼓相当的李氏诸王家族，呈现出显隐穷达不断分化之格局。"其初皆有封爵，至其世远亲尽，则各随其人贤愚，遂与异姓之臣杂而仕宦，至或流落于民间。"（《新唐书•宗室世系表》）

随着科举制度的完善，唐代统治阶级在选拔用人标准上，从早期注重门第、血统，愈发向着文学、理政等实际才干倾斜。玄宗在位期间，为防范近支宗室把持高位，实行"开元新制"，量能考行，从而使得疏宗后裔获得了更多崭露头角的机会，才茂宗卿、功业突出者，纵非嫡嗣亦能致远。

李勉所属的郑王这一脉，在疏宗之中甚是亮眼。其曾祖李元懿聪慧好学，政绩不凡，曾"数断大狱，甚有平允之誉"，为此获得高宗的嘉赏（参见《旧唐书•列传第十四》）；其父李择言曾任汉、褒、相、岐四州刺史，亦以严厉干练著称。李择言守汉州（今四川广汉）时，曾经做过宰相的益州长史张嘉贞对待管内刺史态度一向简傲，唯独常引择言同榻坐谈政理，对其格外赏识。

据史书记载，李勉自幼勤读经史，成年后养成了"沉雅清峻"的个性。值得一提的是，他虽为刺史之子，但《新唐书》本传称其少年时家境"贫狭"，李勉日后能成长为一代廉相，应在一定程度上受惠于家风的熏染。

李勉出仕之前，就有"信而埋金"的义举流传于世。他在外出游历时，与一位儒生同住一家客栈。儒生病重之际，将随身所带金银秘密交付李勉，委托他操办后事，并愿以剩余的财物相赠。安葬儒生时，李勉悄悄将余金藏于棺椁之中，直到其家人闻讯赶来时，才重新开棺取金奉还。《太平广记》中也有一则类似的轶闻，只不过客死他乡的儒生变成了一名波斯商人，金银则改为宝珠，或许就是由"埋金"一事演变而来。

尽管李勉作为宗室子弟，可以沾门荫之光、走“捷径”入仕，但他依然要从基层岗位做起。在他担任汴州开封（今河南开封）县尉时，汴州为水陆交通要冲、三教九流杂处之地，一向难于治理。李勉走马上任后治理勤勉，以“擒奸擿伏”（捉拿奸邪，揭发隐恶）扬名。

《唐语林·补遗》记载，有不良污吏为试探李勉执法之宽猛，故意受贿，还放出风声“通知”李勉。李勉限其三日之内自首，逾期则舁榇（抬着棺材）相见。不料此人无视警告，三日之后竟然让人抬着棺材到县衙招摇寻衅。李勉言出法行，当场命令吏卒将其装入棺材，凿钉封棺，沉入汴河。此后，开封官场再也没有人敢以身试法了。

不阿权贵　破除陋习

安史之乱爆发后，长安失守，宗社几覆。唐玄宗逃至蜀中，唐肃宗在灵武（今宁夏灵武）即位。至德（756—758年）初年，李勉赴灵武担任监察御史。此时正逢乱世，武将大多恃勋而贵，在朝堂之上背阙（背向王位）而坐，放肆谈笑。李勉见此提出弹劾，肃宗感叹：“吾有李勉，始知朝廷尊也。”于是提拔他为司膳员外郎。

自跻身中央朝廷以来，李勉不断展现出其父辈精察善断的特质。当时，关东献上一批俘虏等待处斩。李勉发现囚犯中有一人仰天长叹，经过审问，得知此人乃是遭到胁迫，并非蓄意造反。他力劝肃宗施行仁政，使得有“点污”之人“澡心归化”，戴罪效力，若不分情由一律杀之，将之逼上绝路，等于资助凶逆。肃宗觉得有理，立即宣布赦免，由是“归化日至”（参见《旧唐书》）。

克复长安以后，李勉累历清要之位，迁至河南少尹、山南西道观察使等职。有一次，李勉得知昔日的下属王晬被谮言所诬，即将被处死。紧急关头，他将实情飞表上奏，使得王晬获释，而自己却因抗旨被贬官。

李勉忠贞尚义的个性，在稗官野史、杂记小说中多有体现。如《醒世恒言》“李汧公穷邸遇侠客”一则，讲述了李勉查明案情真相，宽赦罪犯，却不仅为此丢官，还惹来杀身之祸的故事。虽是小说笔法，但文中提到李勉“专尚平恕”，不用酷刑，推勘缜密，杜绝冤狱，是有一定历史依据的。

对于身陷囹圄的忠良，李勉屡屡犯险施救；而对于怙势作威的宠臣，他鲠亮介直，不肯曲意逢迎，与李辅国、鱼朝恩等当权的宦官势力接连抵牾。

李辅国是唐代第一个封王拜相的宦官，因拥戴肃宗灵武即位有功，成为天子心腹。从起草敕令、批阅奏疏，到调遣禁军，尽在其掌握之中。肃宗驾崩后，李辅国又因拥立代宗被尊为“尚父”，至此愈发跋扈。

李勉之前的诸位宰相，不事权贵如张镐，试图钳制宦官、权归中央如李岘，都曾遭到毁谤或打压，继而被罢相。出身于陇西望族的李揆，为了保住相位，不惜阿附李辅国，“执子弟之礼”。

即便如此，当李辅国示意李勉对自己行降礼（跪拜施礼）时，李勉不为所屈，因此遭李辅国忌恨，一度被排挤出中央朝廷，经历数次迁转，才得以重返决策中枢。

大历二年（767年），李勉因军功受赏，任京兆尹兼御史大夫。宦官鱼朝恩时任观军容使、知国子监（国子监为古代最高学府和中央教育管理机构）事，每到国子监视察时随员庞杂。前任京兆尹（长安所在的京畿地区行政长官）出于献媚之心，都要倾尽府中人力物力，精心置办几百人的宴席。

李勉上任后，逢鱼朝恩又来国子监，下属提醒李勉“遵循旧例”极力款待。李勉回复说：“鱼朝恩是国子监事，我到太学来见他，理应他宴请我才是。如果他来京兆府，我岂敢不准备饭菜呢？”鱼朝恩得知后衔恨在心，以后再也不到太学去了。而李勉后来也被人接替了京兆尹职位，于大历四年（769年）出任广州刺史兼岭南节度观察使。

廉洁自持　江中沉宝

李勉任职岭南期间最突出的成绩，一是平定冯崇道、朱济时叛乱，为百姓安居乐业创造了一个稳定的环境；二是振兴海上商贸，不乘职权之便，对往来商船强征暴敛。抵埠的外国商船从他初来时每年仅四五艘，增加到一年之后的四十余艘，对外贸易一改往日的萧条，呈现出货殖殷繁、商贾奔凑的景象。

除了禁腐肃贪，李勉在生活上更是素淡简朴，器用、车舆、礼服从不增补修饰。离任北归之际，他特意在舟行途中停船，将家人所携带的珍奇南货悉数搜出，投入江中，以示不储“赢藏”（蓄藏余财）的决心。官民深受感动，称赞他是比肩宋璟、卢奂、李朝隐的清官，还向朝廷请求为李勉立碑颂德，获得了代宗的许可。

李勉晚年曾任滑亳节度使，居镇八年，“以旧德方重，不威而治”，藩镇将帅都对他既尊敬又忌惮。他作于大历九年（774年）的《滑州新驿记》，收录于《全唐文》，记录了他在镇守滑州（今河南滑县）期间新修安史之乱中被毁驿馆的过程，阐明了摒除浮华、务求实用的工作原则。在李勉看来，雕梁画栋之类的夸丽作风，不但对驿馆供人遮阴休憩的基本功用无益，而且令人“玩巧荡神”，只会虚费公帑。李勉为何崇尚“清廉简易”之道，由此可见一斑。

李勉一生躬行清俭，但在私人生活上并非毫无情趣追求。事实上，李勉自幼博古探奇，善鼓琴，好诗文。元代辛文房所撰《唐才子传》提到，李勉“多蓄古今玩器”。明万历间琴家蒋克谦所辑《琴书大全》称，李勉工于制琴，曾以小块优质桐材胶结拼合制成“百衲琴”，所斫名琴“韵磬”“响泉”，皆属上品。另有专著《琴徽字议》、琴曲《静观吟》等作品传世。

后世琴家对《静观吟》有一段题解：“唯静观，则心境澄清，外诱不扰，而能浮云富贵，草芥功名。”堪为今人探寻、解读李勉为官心境之参考。

德宗继位后，李勉入职中书门下平章事，居将相高位，仍礼贤下士，关心同僚。所得禄俸赏赐皆分赠给亲友，以至身后无余财。贞元四年（788年），李勉病逝，德宗册书追赠为“太傅”，谥号“贞简”。

纵观唐代凭借门荫入仕的宰相，成就各有不同，史家评价悬殊。如李林甫亦有才华，精通音律，却因大权独握、祸乱朝纲，死后落得削官抄家、子孙流放的凄惨结局；而李勉同样是门阀制度的受惠者，却一生正直端庄、宽厚廉谨、贞明寡欲，终成海内名臣。

正如明末清初思想家顾炎武在《日知录》里所言：“至公之用，本无偏党；惟善所在，岂隔亲疏？”所谓“亲亲用贤之道”，不在亲疏之际，而在是否存有“至公之心”。

李勉的生平故事说明，比起官员的家庭出身、入仕途径，更重要的是在实际工作中能否坚持严于律己、遵纪守法。良好的家庭环境应成为一个人履职的积极推动因素，而非滋生骄纵、奢华之念的绊脚石。同时，业余保持高雅的兴趣爱好，有助于个人修身正心，但不能因此荒废本职工作，更不能任其成为贪腐欲望之源。

评说李勉

“处富贵利达而清约类寒士者，李勉一人而已。”费枢《廉吏传》中的这句话，为李勉的定性恰如其分。所谓“富贵利达”，是基于李勉的宗室身份。在广州刺史兼岭南节度观察使任上，李勉便可圈可点。“性廉洁”的他，不仅“在官累年，器用车服无增饰”，而且卸任之时，“至石门停舟，悉搜家人所贮南货犀象诸物，投之江中”。后世包拯离开端州有停舟掷砚之举，或效仿李勉也说不定。

身份特殊，一举一动所起到的示范作用会更明显。唐代宗有过“毁除白渠水支流碾硙，以妨民溉田”的诏令。碾硙，即利用水力启动的石磨。但是郭暧家的四轮碾硙，“所司未敢毁撤”，因为郭暧是安史之乱中领军收复两京的功臣郭子仪的六儿子，他老婆则是代宗的四女儿升平公主。父亲告诫女儿：“吾行此诏，盖为苍生，尔岂不识我意耶？可率为众先。”果然，公主“即日命毁”自家碾硙之后，“势门碾硙八十余所，皆毁之”。李勉之廉，大家是看在眼里的，所以他离开岭南后，“人吏诣阙请立碑”。

明朝刘宗周给崇祯皇帝提出了一种识人方法，要义正来自李勉。唐德宗怎么也不能理解为什么自己看好的卢杞就是得不到大家认同，满面狐疑地问：“众人论杞奸邪，朕何不知？”李勉站出来回答：“卢杞奸邪，天下人皆知，唯陛下不知，此所以为奸邪也！”几百年后，刘宗周念念不忘，甚至将之视为“万世辨奸之要”，任何时候都屡试不爽。“要”在哪里？如果一个人在长官面前是人而在大众面前是鬼，必奸邪无疑。在肃宗朝，李勉当过监察御史，那该是他实践中的总结概括了。

“李勉一人而已”，足见“处富贵利达而清约类寒士”之难。唯其难，更见李勉品行的可贵。以之立朝，更有十足的底气。

〔史鉴〕

勉坦率素淡，好古尚奇，清廉简易，为宗臣之表。善鼓琴，好属诗，妙知音律，能自制琴，又有巧思。及在相位，向二十年，禄俸皆遗亲党，身没而无私积。其在大官，礼贤下士，终始尽心。以名士李巡、张参为判官，卒于幕，三岁之内，每遇宴饮，必设虚位于筵次，陈膳执酹，辞色凄恻，论者美之。

——后晋·刘昫等《旧唐书·李勉传》

〔诗鉴〕

汧公制方隅，迥出诸侯先。

封内如太古，时危独萧然。

——唐·杜甫《赠李十五丈别》（节选）

指破奸邪叵测心，一言剀切盍沉吟。

主昏不听终无奈，付与清风一曲琴。

——南宋·徐钧《李勉》

为官典范包青天 铁面无私守忠廉

包拯（999—1062），字希仁，庐州合肥（今安徽合肥肥东）人，北宋著名清官。天圣五年（1027年）进士及第。曾辞官赡养父母，直至其亡故后方再度出仕。庆历元年（1041年）调任端州（今广东肇庆）知州，后累迁至监察御史。政绩斐然、廉洁公正，不附权贵、铁面无私，有“包青天”之美誉。嘉祐七年（1062年）去世，追赠礼部尚书，谥号“孝肃”。

包公体恤民情雕塑（岑鉴朝　摄）

头戴翅帽，身着蟒袍，黑面长髯，眉心悬一月牙，阴阳皆判，平冤昭雪……说到中国民间最深入人心的古代清官形象，非"包青天"包拯莫属。从古典小说《三侠五义》《包公案》，到传统戏剧《铡美案》《乌盆记》，关于包公断案的故事从古至今长盛不衰，《包青天》等现代影视作品自播出以来，更是红遍大江南北。

其实，历史上的包拯并非面如黑炭，据传"面目清秀，白脸长须"，可与故宫南薰殿旧藏包拯画像相参照。从三十八岁出仕到六十三岁病逝于开封，他曾在地方上做过知县、知州、知府，并在刑部、兵部、工部、监察、财政等部门任过职，官至枢密副使（枢密院为宋代最高军事机构）。他没有铡过驸马，更没破过"狸猫换太子"案，见于正史的断案实例也仅有"盗割牛舌案"等几则。比起专司刑狱的法官，他在北宋仁宗朝更重要的身份是一名监察官和财政官。

然而，包拯的生平事迹无愧于"青天"之誉：官场上，他秉公执法，敬德保民，在肃贪倡廉方面更是不遗余力，是缔造宋仁宗执政后期"嘉祐之治"的中坚力量；生活中，他律己极严，家风清峻，在治理端州（今广东肇庆）期间"不持一砚归"，赢得了万民敬仰、百世流芳。

惩治贪腐 弹劾皇亲

包拯，字希仁，谥号“孝肃”，出生于北宋庐州合肥（今安徽合肥肥东）一个基层官吏之家，从小深受中国传统忠孝仁义文化的浸染。他曾在一篇奏章中自述：“生于草茅，早从宦学，尽信前书之载，窃慕古人之为，知事君行己之方，有竭忠死义之分。”欧阳修曾称赞包拯“少有孝行，闻于乡里；晚有直节，著在朝廷”（欧阳修《欧阳文忠公集》）。

天圣五年（1027年），二十八岁的包拯参加了进士考试，名列甲科一等。当时，进士登第之人往往“不数年，辄赫然显贵”，而他却为了奉养双亲，辞官不就，直至父母去世、守丧期满之后，才于景祐四年（1037年）赴京听选，获授天长（今安徽天长）知县，这时他已临近不惑之年。

随后，包拯曾担任监察御史、知谏院（谏院为宋代重要谏官职位）、权御史中丞（知、权，即以低级官阶出任高位之意）等司掌纠察、朝议之职。北宋前期政治相对开明，崇尚法制和“官德”，“凡罪罚悉从轻减，独于治赃吏最严”（赵翼《廿二史札记》）。另一方面，朝廷对文士较为宽容，一般来说“不杀士大夫及上书言事者”，也极大地鼓励了知识分子积极参政议政的热情，为包拯践行“以法律提衡天下”的政见，提供了有利的外部环境。

包拯所著的《包孝肃奏议集》，其中收录的奏折绝大部分都与弹劾当朝官员、举报违法行为以及为民请命相关。大多数被揭发的官员都存在贪图荣禄、收受贿赂、假公济私、违规经营、侵害民利等腐败行径，如淮南转运使张可久利用职权贩卖私盐，总理财政的三司使张方平低价购买辖区内富民房产等。

另一些人则是因生活作风问题遭到包拯检举，例如三司使宋祁遭到罢免的原因之一，是“宴饮过度”、生活奢靡。

包拯担任御史中丞期间，仁宗因宠幸张贵妃，将其伯父张尧佐破格提拔为三司吏部侍郎、户部侍郎及宣徽南院使、淮康军二府节度使、景灵宫使，一人兼领数个要职，激起朝中群议汹涌。

包拯认为，仁宗私昵后宫，包庇外戚，不合大宋法律，且张尧佐存在滥用财政之嫌，他斥责张尧佐“无功受禄，不知羞耻”，“真清朝之秽污，白昼之魑魅也”（《上仁宗论张尧佐除四使不当》）。为此，他多次上奏力谏仁宗“当以祖业为重，亲连宫掖，不可用为执政之官”（《再弹张尧佐》），甚至在慷慨陈词之际激动到“唾溅帝面”（参见朱弁《曲洧旧闻》），唾沫都喷到仁宗脸上，最终迫使仁宗决定“今后妃之家，不得任二府职事”（参见《宋史》本传）。

除此之外，他还弹劾了仁宗叔父的女婿郭承祐等人，一时间使得“贵戚宦官为之敛手，闻者皆惮之”。沈括在《梦溪笔谈》中形容包拯“天性峭严，未尝有笑容”。有研究者提出，包拯在小说、戏剧中的“黑面”形象正是由此演化而来。

廉而有能　以民为本

令人意外的是，如此“刚正敢言，辨忠邪，诋权幸，犯天子颜色”的包拯，仕途却是一路亨通，少有波折，在不到三十年的为官生涯中，升迁达二十多次。究其原因，一方面在于他端正峭直、奏议公允，“清节美行”“闻于朝廷”（欧阳修《欧阳文忠公集》）；另一方面，也与宋仁宗对包拯的信任、重用密不可分。

包拯曾言：“廉者，民之表也；贪者，民之贼也。今天下郡县至广，官吏至众，而赃污擿发（意为揭发），无日无之……虽有重律，仅同空文，贪狠之徒，殊无畏惮。”（《乞不用赃吏疏》）在他看来，定制治贪关键在于“依条施行”，对于赃吏应严惩不贷，遇大赦也不予续用，“如此，则廉吏知所劝，贪夫知所惧矣”。“善为国者，必务去民之蠹，则俗阜而财丰，若蠹原不除，治道何从而兴哉？”（《请置鹿皮道者》）这与宋仁宗推行“庆历新政”、清除积弊、振兴吏风的初衷不谋而合。

与此同时，北宋王朝的统治还存在另一重隐形的危机。随着局势趋于稳定，原本“士君子务以恭谨静慎为贤”，渐渐流露出新的弊端，即“循默苟且，颓惰宽弛，习成风气，不以为非”（欧阳修《欧阳文忠公集》）。

因此，包拯极力推崇敢于担当、明责思进的用人之道。在被他弹劾的对象当中，就有一些虽无违法乱纪，但政绩平庸、才不堪用之人，例如担任宰相七年而尸位素餐、“安处洋洋”的宋庠。

包拯多次强调要加强和完善科举“封弥誊录”（即考卷密封、糊名、抄录）制度，杜绝考场舞弊，从任用的源头抓起，防患于未然。

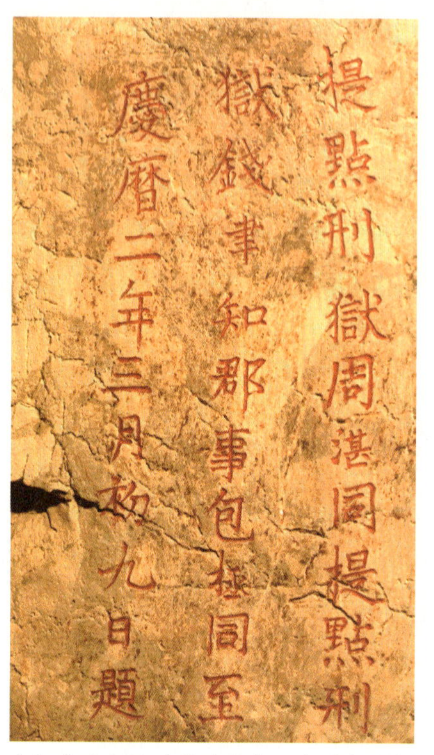

包拯在离任端州前游星湖，在星岩上留下的摩崖石刻（何洪伟　摄）

他又奏请朝廷，对于那些凭借出身和朝廷恩典获得从政资格的高官子弟进行任职考试，防止其因为学业怠惰、不晓治理，“一旦俾临民政懵然于其间，不知治道之所出”。

包拯重视法制、选贤任能，其出发点是“大缓吾民，以安天下”的民本思想。他指出：“民者国之本，财用所出，安危所系，当务安之为急。”（《请出内库钱帛往逐路籴粮草》）在《包孝肃奏议集》中，他请求薄税赋、宽徭役、救饥馑、保民田的奏疏，共计五十多则。

包拯不仅长于谏议，同时也拥有丰富的地方治理经验和卓越的施政才干，将廉政与善政有机结合。例如元杂剧《陈州粜米》及民间故事“陈州放粮”的雏形，就与包拯所写的《请免陈州添折见钱》奏疏有关：当时，陈州（今河南淮阳）受灾歉收，民不聊生，包拯请求朝廷下诏，依大小二麦实际市场价格，就近缴税，防止地方官以粮食“折现”及运输、仓储等名义盘剥灾民。

晚年主政开封府之后，包拯为了方便百姓当面递状申诉，裁撤了门牌司，既提高了行政效率，又使得百姓免受办事书吏的勒索刁难；贵族侵占河岸私建宅院，导致水道壅塞时，包拯又雷厉风行予以拆除，并制裁了一干权贵，大快民心。

立身清白　“孝肃”传家

康定元年（1040年），包拯任端州（今广东肇庆）知州。在任职的两年多时间里，他率领当地民众垦荒储粮，治理西江水患，调和州民与少数民族的关系，加强城防，建星岩书院，足见治端有方。

据《宋史》本传记载，端州以盛产砚驰名，前任官员均借进贡之机额外采制，或用于贿赂朝中显贵，或据为己有。而包拯却严格按照朝廷上贡的数额进行征收，离任时“不持一砚归”。

20世纪70年代，考古人员在发掘安徽合肥东郊大兴集北宋包拯家族墓群时，清理出五十余件随葬品，皆为陶瓷器、铜镜、铜钱等普通物品，无一贵重金玉器具，仅在其子包绶墓中出土了一枚寻常的歙砚，印证了“不持一砚归”之说。

同时，曾巩在《孝肃包公传》中评价其“仕至通显，奉己俭约，如布衣时”，也与其夫人董氏墓志铭中所言“孝肃渐贵，夫人与公终日相对，亡（通‘无’）声伎珍怪之玩，素风泊然”相符合。

《宋史》本传还称，包拯“与人不苟合，不伪辞色悦人，平居无私书，故人、亲党皆绝之”。这种待人接物严谨缜密的作风，特别为大儒朱熹所感佩。《朱子语类》提到：包拯与一书生年少时在僧舍读书，相邻有一富人主动邀请其吃饭，包拯每次都婉言谢绝。同学问其故，他正色相告：“吾辈乃读书人，将来若守乡郡为官，今日妄交富人，恐为他日所累。”多年后，二人果然相继回乡任职。

司马光在《涑水纪闻》里记载了一段包拯任庐州知州时的往事：庐州为包拯乡里，“亲旧多乘势扰官府，有从舅（母亲的叔伯兄弟）犯法，希仁戮（意为惩罚）之，自是亲旧皆屏息”。

民间相传，包拯去世前，仁宗念其劳苦功高、生活清贫，有意将庐州城赏赐给他，并劝他为后代着想予以接纳。几经思量，包拯的回复却是："不要庐州府一砖，只取护城河一段。"他所想的是，令子孙清理河道，一来造福地方，二来可灌溉农田，种植作物，实现自给自足。

他真正留给后人的，是一笔无价之宝——"孝肃家风"。包拯生前曾留下一篇家训："后世子孙仕宦，有犯赃者，不得放归本家，死不得葬大茔中。不从吾志，非吾子若孙也。"

在他的言传身教之下，其子孙莅官临事，均廉洁自律，清苦守节。据其家族墓志铭所载，次子包绶病逝后，遗物中除"诰轴著述外，曾无毫发所积为后日计者"；孙子包永年同样身后"了无遗蓄"，依靠亲友资助才完成丧葬。

这笔意义重大的精神遗产，不仅惠及包氏后裔，同样润泽南粤，千年不绝。根据《肇庆府志》记载，在包拯辞世后十余年间，端州即在府治仪门外兴建了第一座包公祠。此后又经历了多次翻修，供人观瞻，以滋养"仰止之心，思齐之志"（张诩《宋包孝肃公新祠记》）。

包拯在端州所作的《书郡斋壁》，是其唯一存世的诗作。在诗中，他以"清心为治本，直道是身谋"，总结了一生为官为人的原则：清心寡欲，正道直行。这是包拯一生品格的自我写照，令人咀嚼不尽、终生受益，对当下的廉政文化建设仍具有极高的研究价值与借鉴意义。

评说包拯

《宋史·包拯传》载："徙知端州，迁殿中丞。端土产砚，前守缘贡，率取数十倍以遗权贵。拯命制者才足贡数，岁满不持一砚归。"寥寥数十字，明晰地勾勒了包拯在端州（今广东肇庆）任职时的作为和廉洁形象。

所谓作为，是前面那几十字。端砚，众所周知为"中国四大名砚"之首，肇庆特产。从前，但凡出特产的地方，那特产往往都异化为地方"公关"甚或邀功取宠的媒介。因而拥有特产，有时分不清是上天眷顾，还是会贻害百姓。《枣林杂俎》收录的《富春谣》，道出了害在何处："富阳江之鱼，富阳山之茶。鱼肥卖我子，茶香破我家。采茶妇，捕鱼夫，官府拷掠无完肤。昊天何不仁？此地亦何辜？鱼胡不生别县？茶胡不生别都？富阳山何日摧？富阳江何日枯？山摧茶亦死，江枯鱼始无。”特产无辜，特产之害实乃“邪臣”之害。明了诸如此类的背景，再明了唐朝以来端砚已是钦定贡品，包拯不能抗拒，但较之前任“率取数十倍以遗权贵”，便知其作为究竟在何处了。

所谓廉洁，后面那几个字足矣。包拯从端州卸任，一方端砚也没带走。传说别人在他行李中悄悄塞入一方端砚，他发现后就把砚扔掉了，后人便在那故事发生的地方修了“掷砚亭”。这亭子不知今天还在不在，不在了的话，重修一个无妨，在这个问题上不必纠结于原装与否。

包拯不仅自律甚严，而且也如此教育子孙。其家训曰：“后世子孙仕宦，有犯赃者，不得放归本家，死不得葬大茔中。不从吾志，非吾子若孙也。”历史上，“包青天”之所以能够做到“铁面无私辨忠奸”，那个“廉”字正是刚正不阿的基础。如明朝杨瀚贴在自家门口的对联：“门如市，心如水，一尘不染；提得起，放得下，百事敢为。”

［史鉴］

拯性峭直，恶吏苛刻，务敦厚，虽甚嫉恶，而未尝不推以忠恕也。与人不苟合，不伪辞色悦人，平居无私书，故人、亲党皆绝之。虽贵，衣服、器用、饮食如布衣时。尝曰：“后世子孙仕宦，有犯赃者，不得放归本家，死不得葬大茔中。不从吾志，非吾子若孙也。”

——元·脱脱等《宋史·包拯传》

［诗鉴］

拂拭残碑览德辉，千年包范见留题。
惊乌绕匝中庭柏，犹畏霜威不敢栖。

——元·王恽《赞颂题名碑》

包公峭直树英声，故里经临为驻旌。
遗像千秋瞻岳立，当年一笑比河清。

——清·窦光鼐《谒包公祠》（节选）

理学大师周敦颐 以莲为师自砥砺

周敦颐（1017—1073），字茂叔，道州营道（今湖南道县）人，北宋文学家、哲学家，世称“濂溪先生”。康定元年（1040年）任洪州分宁县（今江西修水）主簿，庆历四年（1044年）任南安（今江西大余）军司理参军，两年后升任郴州桂阳（今湖南汝城）县令，至和元年（1054年），改授大理寺丞，知洪州南昌县（今江西南昌），后任广南东路（辖境相当于今广东贺江、罗定江、漠阳江以东地区）提点刑狱公事。其性安贫乐道、至诚至善，任职期间执法精严，令人心悦诚服。

清远飞来湖公园里的周敦颐雕像（曾亮超　摄）

“予独爱莲之出淤泥而不染，濯清涟而不妖，中通外直，不蔓不枝，香远益清，亭亭净植……”提起周敦颐，许多人都会自然联想起《爱莲说》。这篇散文歌颂了莲花洁身自好、不与世俗同流合污的美好品质，让莲花成为中国古代君子人格的象征之一。

周敦颐，字茂叔，北宋道州营道（今湖南道县）人，著名哲学家、思想家、教育家，世称“濂溪先生”。他留下的《太极图说》和《通书》等著作，“上承孔孟，下启程朱”，奠定了宋明理学的基础，对后世陆王“心学”亦产生了重要影响。因此，周敦颐去世后被追封为汝南伯，获得从祀孔庙之荣。

近年来，随着学界对周敦颐研究的持续深入推进，其“政事精绝，宦业过人”（张伯行《周子全书》序）的从政才干，以及坚持“知行合一”、洁身自爱、公正廉明的事迹史料，不断得以发掘和完善。而他在《通书》中提出的“立诚”“养心”“至公”“务实”等观点，从哲学层面体现了中华优秀传统文化中的廉洁因子源远流长，因而愈发受到各方重视。

明慎用刑　深得民心

周敦颐出生于道州一个书香仕宦家庭，父亲周辅成志清行纯，知书能文，曾是宋真宗朝的进士，后辞官归隐。周敦颐少年时便汲汲于学，熟读四书五经。据传，十来岁时，他曾在离家不远的一处岩洞——月岩内读书悟道，通过观察洞口之外月亮的形状变化，领悟出“太极阴阳”的雏形（参见度正《周敦颐年谱》）。青年时期的周敦颐，更是以“志清而材醇，行敏而博学”（吕陶《送周茂叔殿丞序·并诗》）闻名，一时间许多“老师宿儒、专门名家”都来访问求学。

天圣九年（1031年），周父去世，周敦颐随母亲入汴京，寄居在舅舅——龙图阁学士郑向家中。通过郑向的推荐，周敦颐不经科举而直接“荫补入仕”，由此涉足政坛。

任职洪州分宁县（今江西修水）主簿期间，二十来岁的周敦颐将当时久久无法决断的悬案“一讯立辨”，一时间轰动乡邑，人们纷纷惊叹“老吏不如也”（参见《宋史》本传）。

因为在吏部的考核中广获好评，周敦颐获得了第一次升迁——提任南安军（今江西大余）司理参军，掌当地讼狱之事。当时，有一名囚犯罪不当死，而周敦颐的上司、转运使王逵以“酷悍”著称，意欲重判处死，无人敢与之争

位于湖南省永州市道县楼田村内的周敦颐故居

辩。唯独周敦颐挺身反对，坚称不应滥用极刑来取悦于上，甚至不惜以辞官相抗争。周敦颐严守律令、不惮威权的举动终于触动了王逵，囚犯幸免一死。

周敦颐改任大理寺丞、知洪州南昌县（今江西南昌）时，因此前善于“辨狱”、主持公道积累的口碑，受到当地民众的欢呼相迎，而当地的“富家大姓、黠吏恶少”则深感惴惴不安，不敢为非作歹。

周敦颐执法精严，可从其代表作《通书》中寻得思想上的根源。书中提到，治国不仅要“道之以德，齐之以礼”，还要“肃之以刑”，通过法律来规范、约束大众的行为。同时在量刑时，考虑到世情错综复杂，又必须“慎刑”——只有“中正、明达、果断”的人，才能胜任掌管刑罚的职位，法律才能在治理中充分发挥积极作用。“天下之广，主刑者，民之司命也。任用可不慎乎！”（《通书·刑第三十六》）

嘉祐元年（1056年），周敦颐赴合州（今重庆合川）任判官。因其在任上清廉正直，人心悦服，“事不经先生手，吏不敢决，虽下之，民不肯从”（参见《宋史》本传）。这表明周敦颐在百姓心中拥有极高的威望。

以莲为师　去污自洁

在《通书》中，周敦颐除了探讨法治之外，还就一个人如何做到廉洁自律，总结出一套理论体系。在《通书》开篇，他便指出“诚”乃“五常之本，百行之源”，是每个人应有的本质。“至诚”是周敦颐学说的核心和最高境界，也是一个人立身行事、明正己身的思想基础。在追求“至诚”的道路上，还需要“养心”，通过不断地修炼克制私欲，不为外物所惑，保持内心“静虚”，才能做到公正不阿，明通无碍。

周敦颐还认为，身为治理者，除了怀有“仁爱”之心，还需要做到“至公”和“务实”。“至公”即公平、公正，摈弃私心，维护公道，然后才能做到“公于己者公于人”（《通书·公明第二十一》）。施行德业善政，还有“名”“实”之别，“实胜，善也；名胜，耻也”（《通书·务实第十四》）。君子无论是德行还是事业，都要孜孜不倦，一步步落到实处，不浮夸，见实效，不能仅仅停留在“名”的层面。

嘉祐六年（1061年），周敦颐赴虔州（今江西赣州）赴任。根据宋代学者度正《周敦颐年谱》的考证，正是在这里，他写下流传千古的《爱莲说》，“以名节自砥砺”（朱熹《先生事状》）。

“中通外直，不蔓不枝，香远益清，亭亭净植，可远观而不可亵玩焉”，这既是水中莲花的特征，也蕴含着周敦颐对行为端正、节操高尚的君子风度的推崇。“出淤泥而不染”——莲花生长于污泥之中，却不染纤尘，无论身处怎样的环境，一个人都应保持人格独立，洁身自好，坚守正道；“濯清涟而不妖”——不因一时得志而变得心浮气躁，失去坚贞风骨。

《爱莲说》是周敦颐的代表作，也是他用一生描绘的一幅自画像。北宋中期，官场风气日趋腐败，周敦颐却始终不随波逐流。据潘兴嗣《周敦颐墓志铭》记载，为赴京师，周敦颐将其田产变卖以筹集盘缠。为官数十载，他“奉养至廉”，家无余财，所得俸禄皆分给宗族朋友，仅余少许招待宾客，哪怕家中连浓稠的粥都吃不上（“饘粥不给”），他也不以为意。在洪州南昌（今江西南昌）知县任上，他一度染上暴疾，众人准备替他料理后事时，发现家中空空如也，一个小小的柜子便足以装载其生活用具，积蓄更是“钱不满百”。

周敦颐还曾写过一首诗：“老子生来骨性寒，宦情不改旧儒酸。停杯厌饮得醪味，举箸常餐淡菜盘。事冗不知筋力倦，官清赢得梦魂安。故人欲问吾何况，为道舂陵只一般。”（《任所寄乡关故旧》）周敦颐在诗中表明，自己为官并非为了追求荣华富贵，布衣蔬食、简朴生活已是足够。自己之所以兢兢业业，不知疲惫，无非是想做个问心无愧的清官，睡得安稳罢了。

平息贪风　广植桃李

熙宁元年（1068年），吕公著等官员推荐周敦颐充任刑狱、钱谷等“繁难”官吏。吕公著等人在上奏的折子里评价周敦颐“操行清修，才术通敏，凡所临莅，皆有治声”，更表示日后若周敦颐犯法入罪，自己甘愿与之同罪（参见度正《周敦颐年谱》）。受荐之下，年过半百的周敦颐以虞部郎中，出任广南东路（辖境相当于今广东贺江、罗定江、漠阳江以东地区）提点刑狱公事，主管该区域的司法、刑狱、监察、治安等政事。

在广东任职四年，周敦颐“以洗冤泽物为己任”，哪怕是荒崖绝岛、瘴疠之乡，都不辞劳苦，亲临其境，实地查访。在端州巡视时，他发现知州杜谘滥用职权大肆开采端溪砚石。了解事情原委后，周敦颐上报朝廷，请求颁布禁令，限制端州官员仅可取砚石二枚，极大减轻了当地百姓所受的盘剥之苦（参见度正《周敦颐年谱》）。

周敦颐还写有《拙赋》一篇，通过将官场中言多文饰、张扬夸大的“巧者”以及务实真诚、实事求是的“拙者”进行对比，态度鲜明地强调了为政者当崇拙去巧的态度，重申了“上下安顺，风清弊绝”的从政理想。

周敦颐奉行安贫乐道、至诚至善的人生哲学，乃至辞官后竟“贫不能归故里”（参见度正《周敦颐年谱》）。后来，他退居庐山，将堂前山溪命名为“濂溪”，其旁书堂则为“濂溪书堂”，以此寄托思乡之情。

如今散落于全国各地的“濂溪书院”，溯其源头，大多是周敦颐在当地任职时所建，或者是后人为纪念他而兴办的学堂。这些书院也是他每到一地均兴学重教、广植桃李的见证。在合州、郴县（今湖南郴州）等地任职期间，他整修官方校舍，亲自登台授课，著述劝学，在古代教育史上亦留下了不可磨灭的一笔。

周敦颐的人生大部分时间辗转江西、湖南、广东等地为官，担任的也多为主簿、县令、通判、知州等基层职位，但每到一地，他都“不卑小官，职

位于湖南省郴州市汝城县的濂溪书院，为宋式四合院砖木回廊结构建筑，建筑面积1618平方米（何志军　陈世洲　摄）

思其忧”（朱熹《濂溪先生行实》），不因位居卑微而渎职丧志，而是尽心尽责，为造福一方而殚精竭虑。苏轼曾赋诗称赞“先生本全德，廉退乃一隅”（《茂叔先生濂溪诗呈次元仁弟》）。名贤赋咏，也都“专美其清尚”（祁宽《通书后跋》）。这种淡泊名利、廉正守洁、真抓实干的品德，契合了儒家“重义轻利”的价值取向，也为中国古代廉政文化史留下了一座人格丰碑，让后世之人闻周敦颐之余风，“犹足以律贪”（黄庭坚《濂溪诗》）。

评说周敦颐

的确，听到“予独爱莲之出淤泥而不染”，鲜有人不知道出自周敦颐的《爱莲说》。

咏物以自况，语意双关，是我们的一项文化传统。如屈原颂橘，“后皇嘉树，橘徕服兮。受命不迁，生南国兮。深固难徙，更壹志兮”云云，表达了自己虽遭受谗言而赋闲，仍将橘树视为砥砺志节的榜样。如骆宾王咏蝉，“无人信高洁，谁为表予心”云云，以蝉的高居树上、餐风饮露，来借喻自己的高洁品行无人能够理解。周敦颐选择了颂莲。莲，虽其所赖以生存的环境不那么干净，露出水面之后却是不沾污浊。

《爱莲说》为后世所传诵，道理通达、字字珠玑只是其中一个方面，重要的还在于周敦颐心口如一、知行合一。论讲道理，历史上讲得比周敦颐动听的比比皆是，不过，相当一部分言清行浊，如朱熹所概括：“叫他说廉，直是会说廉，叫他说义，直是会说义，及到做来，只是不廉不义。”今天我们叫这种人为“两面人”，朱熹那时叫他们为“能言鹦鹉”，但知学舌而已。

周敦颐则不然。《宋史》本传载，周敦颐“为广东转运判官，提点刑狱，以洗冤泽物为己任”。黄庭坚称其“人品甚高，胸怀洒落，如光风霁月。廉于取名而锐于求志，薄于徼福而厚于得民”。具体来说，潘兴嗣《周敦颐墓志铭》举了一例：“先生……在南昌时，得疾暴卒，更一日夜始苏，或视其家，止一敝箧，钱不满百。”

荀子说过："口能言之，身能行之，国宝也；……口言善，身行恶，国妖也。治国者敬其宝……除其妖。"按照这个标准，周敦颐无疑属于国宝；国妖呢，不惟旁观者看得清楚，即口是心非者自己也心里有谱。

［史鉴］

周敦颐字茂叔，道州营道人。元名敦实，避英宗旧讳改焉。以舅龙图阁学士郑向任，为分宁主簿。有狱久不决，敦颐至，一讯立辨。邑人惊曰："老吏不如也。"部使者荐之，调南安军司理参军。有囚法不当死，转运使王逵欲深治之。逵，酷悍吏也，众莫敢争，敦颐独与之辨，不听，乃委手版归，将弃官去，曰："如此尚可仕乎！杀人以媚人，吾不为也。"逵悟，囚得免。

——元·脱脱等《宋史·周敦颐传》

［诗鉴］

坐令此溪水，名与先生俱。先生本全德，廉退乃一隅。
因抛彭泽米，偶似西山夫。遂即世所知，以为溪之呼。

——北宋·苏轼《茂叔先生濂溪诗呈次元仁弟》（节选）

一脉濂溪水，中涵太极天。
契符三圣后，冠冕四儒前。

——明·邵宝《南安谒濂溪先生祠》（节选）

盛德清风崔与之 晚节飘香炳青史

崔与之（1158—1239），字正子，号菊坡，广东增城（今广东广州增城区）人，南宋名臣、诗人。绍熙四年（1193年）进士，初授浔州（今广西桂平）司法参军，后任广西提点刑狱、金部员外郎等，为官廉洁奉公，政声卓著；主管淮东安抚司公事期间，练兵抗金，保境安民。嘉定十二年（1219年）为知成都府兼成都路安抚使，后升四川安抚制置使，使蜀中宁谧。于七旬高龄任广东经略安抚使兼知广州，平定叛乱。后请辞相位，晚节流香，赠太师，谥号“清献”。

位于清献园的崔与之雕像（清献园　供图）

南宋端平二年（1235年），一场战火遽然席卷广东。

当时，广州有一支叫作摧锋军的部队，因军功遭上级瞒报，又被勒令长年留守外地，不得返乡，积怨之下爆发叛乱。叛军掠梅州、焚惠阳，兵临广州城下，广州知府弃城而逃。

危急关头，一名在家闲居的老臣受城中官民所托，抱病登上城楼，与城外的叛军会面。一见到老人现身，叛军将士立刻俯首听命。在老人一番苦心劝喻之下，众人纷纷卸甲散去。

这位“不战而屈人之兵”的老臣，就是在南宋抗金前线立下赫赫战功、朝野景仰的名臣崔与之。

这一年，七旬高龄的崔与之被朝廷紧急任命为广东经略安抚使兼知广州。他坐镇家中，运筹帷幄，调遣各路人马合攻叛军残部，很快迫使其战败投降。然而，到了朝廷论功行赏之时，他却主动辞去官职，还将在广州为帅六个月所得的薪俸、米粮一律充公，分文不受。

在南宋官场，崔与之是一名以“辞官”著称的奇人：他为官四十余年，历任三朝，屡屡在国家有难之时挺身而出，功勋卓著，却从不贪恋高官厚禄，七次请辞参知政事（副相），十三次请辞右丞相兼枢密使，当宋之世已有“千载一人”的美誉。

不仅如此，崔与之还在岭南历史上开创了多个第一：他是岭南由太学（宋代最高学府）考中进士的第一人；其开创的“菊坡学派”被认为是岭南第一个学术流派；他文学造诣精深，词风雅健，有“粤词之祖”之称。

壮年效力于江山社稷，晚年归隐于诗书林泉，文成武德，英名盖世……关于崔与之的一生，文天祥总结为一句话：“盛德清风，跨映一代。”而撑起这部人生传奇的，是崔与之终生践行的信条——“清心寡欲”。

渡海肃贪　风采凛然

增城中新镇坑贝村，位于今天的广州东北方向，距离市中心大约五十公里。在这里，有一座始建于晚清、为纪念崔与之而设立的崔太师祠。祠堂现存三进院落，青砖红瓦，在四周葱茏林木的掩映之下，显得古色古香。

据传，绍兴二十八年（1158年），崔与之出生在坑贝村中的“崔屋”。崔与之的父亲因为连年科举落第，于是决心“不为宰相则为良医”，转而以行医为业，时常免费为贫苦大众治病。

崔与之自幼刻苦向学，钻研经史，但因家境贫寒，过了而立之年，才在亲友的资助下，于宋光宗绍熙元年（1190年）负笈数千里，考入南宋都城临安（今浙江杭州）太学深造。三年后，崔与之举进士，开广东学子由太学取士的先河（参见《宋史》本传）。

起初，他被任命为浔州（今广西桂平）司法参军。当地储粮的官仓年久失修，为避免仓房漏雨淋坏粮食，崔与之将住所的屋瓦摘下，加盖于官仓顶上，又坚决反对将仓中储粮挪作他用，深得上级赏识，被推荐为淮西提刑司检法官。

随后，崔与之又辗转新城（今江西黎川）、邕州（今广西南宁）、宾州（今广西宾阳）等地任职。在淮西，他执法严明，不避权势，秉公处理了一起朝中高官之子强夺民田的案件；在新城，时逢荒年，他果断地惩治了哄抢公粮之人，恢复治安秩序；在邕州，原州守盘剥士兵衣食激起哗变，他疾驰冲入城中，将为首滋事者处斩，赦免从犯，迅速平息了暴乱；在宾州，崔与之精明能干，对于疑难悬案“剖决如神”，再次受到上级的举荐。

崔与之最为人所称道的，是在担任广西提点刑狱期间访民疾苦、锄奸肃贪的事迹。当时的广西路所辖范围甚广，除了今天的广西，还包括广东的湛江、茂名以及海南岛，下属的二十五军州大多是荒僻之地，因为交通不便，甚少有朝廷高官实地勘查走访。

据《宋丞相崔清献公全录·言行录》所载，岭南的贪官污吏一向自恃地处偏远，肆意摧残剥削平民，崔与之决意彻底巡查，澄清官场风气。在职期间，崔与之的足迹遍布辖区全境，他更是冒着生命危险乘舟渡海前往琼州（今海南海口）。一路上，崔与之风餐露宿，一年下来往返数千里，无暇休憩，以至于形容憔悴，鬓毛皆白。

每到一地，他都张榜示众，明令禁止各种不法行为，又减免税赋，为百姓排忧解难。有贪污之徒慑于其威名，主动解下印绶辞官而去。自此，“官吏始知有国法，不敢害民矣” 。

《宋史》本传称，崔与之顾不上舟车劳顿，“停车裁决，奖廉劾贪，风采凛然”。当时，有贪吏用刑残酷，崔与之探得实情，以“十事”之名向朝廷进行揭发，要求予以痛惩。时人将其上疏的“十事”，列为《岭海便民榜》，又将崔与之的事迹编为《海上澄清录》排印出版，传扬于世。

崔与之门人李昴英在《崔清献公行状》中还提到，崔与之在巡视途中，对于各郡县提供的食宿接待，一律谢绝，每天花销自备钱款，一切公务开支按日给付，做到了“秋毫无扰”。

抗金卫国　功成身退

此后，崔与之还曾在朝中任金部员外郎（金部隶属户部，掌管财政收支赋税等事务，员外郎为副职）。南宋政权腐败，作为侍从辅佐之职的郎官普遍不干实事。崔与之却不同，他事无巨细必亲自处理，一旦发现官吏有欺瞒行为的，皆处以杖刑，众人“莫不震栗”（参见《宋史》本传）。

嘉定七年（1214年），金国在蒙古进逼之下，将都城从中都（今北京）迁至开封。南宋朝廷疑金兵将南犯淮扬，特意将崔与之派往扬州，主管淮东安抚司公事，即担任淮东抗金前线的政军统帅。

此后十年，崔与之奔波于南宋抗金东西两线，守淮护蜀，为靖边安国殚精竭虑，在抗金斗争中屡建奇功。“万里云间戍，立马剑门关。”宋词名作

《水调歌头•题剑阁》就是他自己这一时期戎马生涯的真实写照。

在驻守淮东的数年间，他一边率领军民依靠地形优势，整固城防，修筑工事，一边联合民间抗金力量，厉兵秣马，加强操练。在与金兵的交战中，崔与之的部队多次给予敌军迎头痛击，军威大壮，保障了淮东防线的安全。几年后，崔与之接到调令时，扬州“军民遮道垂涕”，再三挽留，可见其深得人心。

没过多久，宋军驻蜀部队统帅因贪污纳贿，激起兵变，被叛兵所逐，蜀中大乱。崔与之被任命为四川安抚制置使、知成都府。原先川中各支部队一盘散沙，相互猜忌，互不支援，被金兵抓住可乘之机，各个击破。崔与之到任后，告诫诸军将领要“同心体国”，以大局为重。他开诚布公，整顿军纪，抚慰将士，大胆起用人才，使得西蜀抗金前线形成了将帅协和、人才济济、共同御敌的局面，令金兵不敢窥伺（参见《宋史》本传）。

在四川，他还大力发展生产，改政令，宽民力，厚储积，使得当地经济凋敝的境况大为好转，因此被誉为“岭南古佛，西蜀福星”（洪咨夔《平斋集》）。

“事了拂衣去，深藏身与名。”四川边患解除后，朝廷任命崔与之为礼部尚书，他却称病求退，告老还乡。守蜀期间，崔与之公私开支都很节约。离任时，他将节省出的三十万缗额外财政收入，留给继任者用作戍边之用，自己不取分毫。蜀中官民为他献上的奇玉、美锦，也被他全部退回。

宋末元初的王义山在《送张士隆赴广州教授序》里提到一则掌故：据传，崔与之回乡时，随身只带一琴、一鹤，广州士子见此，愈发明白何为“廉耻”，竞相以之为师。

恬淡如菊　珍视清白

嘉定十七年（1224年），宋宁宗驾崩，理宗即位。崔与之又被朝廷先后任命为知州、知府、安抚使、吏部尚书、参知政事等职，他都恳切地力辞诏命，除了前述临危受命、勘平广东内乱之外，余生再无复出。

端平三年（1236年），宋理宗欲拜崔与之为右相，数度御笔下令，敦促其赴任，不仅赏赐了三百两黄金作为路费，还派遣使者、地方官员和门生故旧轮番上门游说。崔与之依然不为所动，连续上疏十三次，坚辞不就。

关于他急流勇退的原因，有学者分析，除了老病缠身，对南宋朝廷苟且偷安局势的失望，归根到底，还是在于儒家淡泊名利的传统。如其诗中自述："吾道从来轻九鼎，诗人殊乏到三公。"（《又赠相士》）

不仅如此，崔与之致仕之后，对于朝廷所赐的俸禄，也都辞谢不受。有人问到原因时，他回答："在位之时，我尚且担心自己不能胜任，尸位素餐。如今已经退休，岂能再贪图皇上的赏赐呢？"闻者为之叹服（参见《宋丞相崔清献公全录•言行录》）。

尽管崔与之去意已决，但当宋理宗向他请教治国方略时，他仍旧非常认真地写下长文作答。他强调，"用人听言为立国之本"，而"用人听言之本，又皆归之清心寡欲"。他认为，选拔人才的首要原则是品德高尚、为人清廉，以忠实而有才者为上。他还诚恳地提醒国君，要善待敢谏之臣，凡遇议和、边防等大事，宜广开言路，秉公裁定，切忌独断专行。

回到广州后，崔与之定居于城西朝天路崔府街。他喜爱花中隐士——菊花，晚年自号"菊坡"。他欣赏北宋名相韩琦《九日水阁》中的名句——"虽惭老圃秋容淡，且看黄花晚节香"，故而把居室取名为"晚节堂"，提醒自己要力保晚节，不失清白。

崔与之家法清严，凡有亲戚故交倚势妄为，他必定严肃斥责。其姐曾为外甥求一官职，被崔与之断然拒绝。他说："一个人是不是好官，关乎民生

崔太师祠位于广州市增城区中新镇坑贝村，建于清朝末年

福祉，官职不是可以私下赠予之物。”

在生活中，崔与之同样恬淡如菊。他崇廉尚俭，为官所得大部分用来接济亲友。他中年丧偶，却未续弦，官至显贵，却不蓄声妓，不多置产业。崔府也像他本人一样朴素，没有亭台楼榭等装饰，与南宋官场盛行的浮华奢靡之风格格不入。

嘉熙三年（1239年），崔与之溘然长逝，谥号“清献”，与谥号“文献”的唐代名相张九龄，合称“二献”。

如今，崔太师祠旁建有崔与之纪念馆——清献园，园中设清献门、清风庭、立献厅、菊坡园等，已成为增城区廉洁文化教育基地。离此不远的朱村镇凤岗村，还有一处“崔与之墓”，村民和游客时常来此拜谒缅怀。

“无以嗜欲杀身，无以货财杀子孙，无以政事杀百姓，无以学术杀天下后世。”这是崔与之一生信奉的座右铭，亦不啻对现代人的警示：不要放任私欲丢掉性命；不要盲目敛财贻害子孙；不要滥用权力荼毒苍生；不要操纵学术祸害后世。先生所言，犹在耳边，字字铿锵，“高山仰止堪模楷，百世闻之尚激昂”（李昴英《同刘朔斋游蒲涧谒菊坡祠》）。

评说崔与之

岭南历史上的“二献”，千百年来俱享崇高地位。这就是曲江张九龄（谥“文献”）和增城崔与之（谥“清献”）。前人评价崔与之：“与张九龄齐名异代，诚吾广百世师表也。”必须看到，相较于张九龄所在的“开元盛世”，崔与之身处风雨飘摇时的赵宋政权，建功立业无疑要增添几分艰难。但是，崔与之“出处一生无玷玉，功名千载不刊碑”。

在廉政方面，崔与之可堪称道之处亦颇多。如其在任时，“所得广帅月廪钱一万一千余缗、米二千八百余石，悉归于官，一无所受”；致仕时，“所得祠禄衣赐，悉辞不受”。人家问他为什么，他说：“仕而食禄，犹惧素餐，今以佚我以老，而食君之赐可乎！”连自己应得的那些也不要，遑论“伸手”，在他的脑海中根本没有“负能量”的那些概念。与此同时，他对贪官污吏就没那么客气了。他为广西提点刑狱，“吏奸民瘼，纤悉毕载”，并且他毫不手软，“劾四郡贪黠吏数人”，令“官吏始知有国法，不敢害民矣”。尤其是，“以公击搏不避权势，贪污之徒有望风解印绶去者”，真为孙子“不战而屈人之兵”的承平版本。用《宋史》的说法，崔与之“奖廉劾贪，风采凛然”。须知崔与之生活的南宋理宗时期，“馈赂公行，薰染成风，恬不知怪”。

“无以嗜欲杀身，无以货财杀子孙，无以政事杀百姓，无以学术杀天下后世。”崔与之曾节录刘皋的话作为自己的座右铭。事实证明，他以自己的一生完美地践行了这个座右铭。如崔与之这种做人、做官、做学问等方方面面所体现出的高标准的道德修养，完全超越了时空，不独对各级领导干部，对今天各个领域、各个行业的人们都不无启迪意义、借鉴意义。

［史鉴］

初至，府库钱仅万余，其后至千余万，金帛称是。蜀知名士若家大酉、游似、李性传、李心传、度正之徒皆荐达之，其有名浮于实、用过其才者，亦历历以为言。沔帅赵彦呐方有时名，与之独察其大言亡实，它日误事者必此人，移书庙堂，欲因乞祠而从之，不可付以边藩之寄，后果如其言。与之以疾丐归，朝廷以郑损代，既受代，金谍知之，大入，与之再为临边，金人乃退。召为礼部尚书，不拜，便道还广。蜀人思之，肖其像于成都仙游阁，以配张咏、赵抃，名三贤祠。

——元·脱脱等《宋史·崔与之传》

［诗鉴］

玉颊碧瞳清，想公眉宇成。
傍观知国手，遗表自丹青。

——明·湛若水《谒崔菊坡祠》（节选）

公暇阅国经，俨然见前哲。
星汉焕文章，冰霜穆风节。

——明·张祐《怀崔清献》（节选）

谨严治穗赵瓯北 身处脂膏不昏秽

赵翼（1727—1814），字云崧（一字“耘松”），号瓯北，常州府阳湖县（今江苏常州）人，清代史学家、诗人、文学家。乾隆十九年（1754年），考授内阁中书、军机处行走。乾隆二十六年（1761年）赐进士及第，授翰林院编修，后历任广西镇安知府、广东广州知府等职，官至贵州贵西兵备道。勤恳执政，事必躬亲，官居高位仍自律甚严，不随世浮沉。辞官归隐后著述泛论各朝吏治，总结得失。

赵翼像（简仁山　作）

“李杜诗篇万口传，至今已觉不新鲜。江山代有才人出，各领风骚数百年。”这首公然叫板唐代李白、杜甫两大诗人的《论诗》，正出自清中期著名史学家、文学家赵翼之手。

赵翼，字云崧（一字“耘松”），号瓯北，常州府阳湖县（今江苏常州）人。他长于文史，考据精审，持论明通，所著《廿二史札记》被称为“清代三大史学名著”之一；他还创作了大量诗歌并广泛流传，与同时代的袁枚、蒋士铨并称为“乾隆三大家”。

赵翼年轻时即文名籍籍，以“捷悟”（才思敏捷）著称。他历任翰林院编修、广西镇安知府、贵州贵西兵备道等职，还曾担任广州知府，为官勤恳廉洁，深受百姓拥戴。在赵翼的仕宦生涯中，遭人嫉妒、拉拢甚至构陷之事不在少数，而他始终以清廉品行和铮铮傲骨示人，不随世浮沉，不竞逐富贵，官居高位却毅然致仕著书，终成名垂青史的史学大家，在为官、为文两方面都堪为今人榜样。

勤苦及第　谦虚清白

赵翼早年家境贫寒，父亲赵惟宽是一名乡下塾师，靠着微薄的收入，勉强维持一家九口的生计。生活困难时，身为家中长子的赵翼还得带着弟弟拣烂菜叶充饥。尽管如此，赵翼却从未荒废学业，他从小聪颖好学，跟随父亲在外辗转读书，十二岁时就能一天连写好几篇文章。

然而，父亲的早逝，让这个原本穷苦的家庭陷入绝境。未满十五岁的赵翼不得不挑起养家重担，代父授课。赵翼十分节俭，所得酬金“除买纸笔外，悉以养家，不敢用一钱”（赵怀玉《瓯北先生年谱》）。但一家人的生活依然难以为继，不仅要靠母亲纺织、弟弟做佣工贴补家用，还不得不卖掉老屋，以解燃眉之急。

乾隆十四年（1749年），赵翼迫于饥窘，离家北上，机缘巧合下受到刑部尚书刘统勋的赏识，被延请入幕，参与纂修《国朝宫史》。次年，他参加顺天乡试，中举人，主考官汪由敦甚爱其才，将之招入麾下，负责拟写应制和应酬诗文。汪由敦是当时公卿中诗书学问极深的一位。在汪家供职的数年间，赵翼尽览汪氏藏书，诗文也经汪公提点而大有长进。

乾隆十九年（1754年），赵翼通过了内阁中书（明清时期司掌宫中撰拟、记载等文书工作的官职）的选拔考试，正式踏入仕途。两年后，赵翼因文笔出众，被调入朝廷中枢权力机关——军机处。当时正值清军西征，乾隆皇帝所下的汉文谕旨及与军需相关的奏折，大都由赵翼起草。在这方面，赵翼堪称驾轻就熟，他每一提笔，顷刻即成千百言，无不切中要害，深为朝廷倚重。更难得的是，他并不居功自傲，而是谦逊地博取众长，持续锤炼自己的笔功。有一年，赵翼被调到别处任职，军机处草拟文稿之事由他人代理，竟导致“事多延误”，赵翼不得不重新回来负责此事（参见杜维运《赵翼传》）。乾隆二十六年（1761年），赵翼参加恩科会试（指科举制度中于正科之外，经由皇帝特许的开科取士），获探花及第，声名愈盛。

赵翼入仕之初薪俸低微，但无论是纂修史籍，还是出任考官，他都兢兢业业、脚踏实地、洁身自好，从不追求非分之财。当时，连县令之类的小官都有各种谋财门路，贪腐盛行，但在赵翼看来，“利之所在害即伏”（《瓯北集》），意即对利益的贪婪追逐之心，也是祸患的潜伏之地。因此，他选

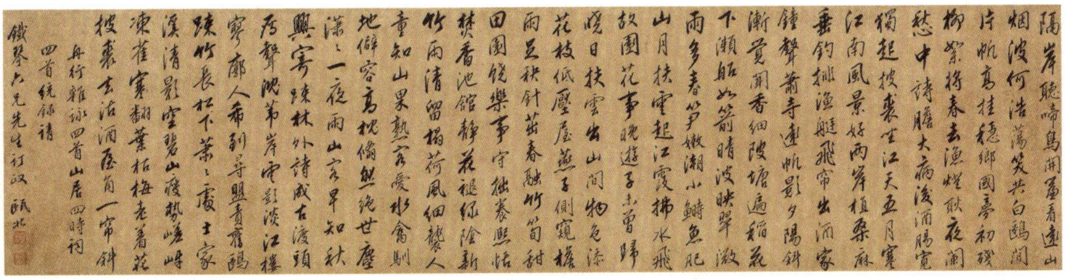

赵翼行书《舟行杂咏》四首、《山居四时词》四首

择坚守廉洁底线与清白志趣，做一名勤勤恳恳的京师文职人员。

执政公平　拒绝请托

乾隆三十一年（1766年），乾隆皇帝在养心殿召见赵翼，肯定其工作能力，并寄予厚望，授其为广西镇安（今广西德保）知府。上任后，赵翼勤恳执政，事必躬亲，受到百姓拥护。他经常下乡访查，与民众打成一片。有时，他仗着脚力尚健，索性不坐竹轿，拄着手杖登山涉水，即便是深冬时节，他仍坚持巡访，“深山穷谷无不亲历”（《瓯北先生年谱》）。他每到一地，乡亲父老、妇人稚童无不争相出迎。

镇安地处西南边陲，山高皇帝远，民风淳朴，百姓们面对贪官污吏的敲诈勒索，敢怒不敢言。当地在缴收官仓稻谷时，有黑心吏胥强行以大筐进行称量，用“出轻入重”（百姓向官府借一筐稻谷五十斤，其中包括筐重五斤，实得四十五斤；还的时候，连本带息，还要加上筐重，须归还六十五斤稻谷）的办法多收稻谷，中饱私囊。百姓无处诉说，只能忍气吞声。

赵翼发现后，即刻命人制作了一架“公平秤”，置于公开场所，让百姓自己过秤，使得贪心吏胥无从染指整个称量过程。对于个别拒不执行新规的监仓奴和书吏，赵翼当即予以严惩，以儆效尤。民众不再遭受盘剥，纷纷举酒相庆，“城内外酒肆几不能容”。

乾隆三十五年（1770年），时逢广州知府空缺，两广总督李侍尧打算趁此机会，用这肥缺笼络赵翼。他派人传信给赵翼索贿：“李公已打算向朝廷推荐你，只需要你向他当面请求即可。”赵翼不愿靠“走后门”升职，加上李侍尧素有贪渎之名，他更不想与其同流合污，于是断然谢绝。此举让李侍尧大为不快，另推荐他人补缺。没想到的是，乾隆皇帝早对赵翼青睐有加，下旨特选其为广州知府。塞翁失马焉知非福！赵翼出奇的境遇及其为人的正派、高洁，令人叹服不已。

赵翼接到调令时正在外巡访，当即启程前往广州，镇安百姓因此未能当面送别。当赵翼的家属随后离开镇安前往广州时，沿街家家户户都设香案跪送，以表达对清官的敬重和钦慕。赵翼在广州上任大半年后，还有七十多名镇安百姓长途跋涉数千里来到广州，送上“万民伞”（清代百姓为颂扬地方官员的德政而赠送的一种伞器），再次致以感谢。

自律甚严　著书传世

赵翼初至广州，经过仔细查访，发现广州作为清代中后期“岭外雄繁第一区”，虽经济十分繁荣，却是“旧俗尚沿刘龑（刘龑为南汉高祖，荒淫残暴，极尽豪奢，最终国破家亡）侈”，知府府衙日用也较别处豪奢，惯例每月大办宴席，“蜡泪成堆，履鞋交错”（《檐曝杂记》）。赵翼对此十分反感，坚决纠正歪风陋习，并写下“地当都会多盘错，身处脂膏要洁清”“竭民脂膏饱嗜好，不有人祸将天刑”等诗句，告诫自己愈是在灯红酒绿、珠光宝气之地，愈要坚守清白，要像吴隐之饮贪泉、包拯弃端砚那样严拒腐蚀，才不致堕落败坏。

在广州任职期间，赵翼处事十分谨慎，自律甚严。每日用餐，不过三菜一汤；衙内宴客，大多让同僚代为应付，自己则坐堂处理诉讼，每日起码审定八个案子，常常至深夜也不得休息。其余时间，则巡访市场商铺，到周边地区视察民情，了解百姓所思所想，对原本欠妥的政策措施予以纠正，或亲自登上西洋舰，与外商接触，忙得“刻无宁晷，未尝一日享华腴”（《檐曝杂记》）。

一次，官府捕得番禺海盗一百零八人。按照清朝法律，凡江洋大盗，无论情节轻重，一律斩首。而赵翼心怀悲悯，秉持不枉杀、滥杀无辜的原则，细细分析案情，严惩主犯三十八人，其余“案情稍轻”的七十人则仅作流放处理。

乾隆三十六年（1771年），赵翼升任贵州贵西（今贵州威宁）兵备道，却不料此时有人上书构陷其在广州轻判海盗一事，害其被降职查办。赵翼本早有解甲归田之意，便干脆以奉养老母为由致仕，转而寄情于著书立言。

晚年的赵翼生活水平有所改善，但其未曾忘本，时常劝导家人勤俭节约。返回常州故里后，赵翼带着全家人着农家装束，与村民樵夫共话共饮。他将自己“田舍翁”的出身讲给孩子们听，从小培养他们“菜根须咬”的艰苦作风。嘉庆十九年（1814年），赵翼染疾，饮食渐衰，但他仍以坚强的毅力“起坐观书，未尝竟日卧”（《瓯北先生年谱》），后病情加重，于八十八岁高龄溘然长逝。

就在辞官归隐后，赵翼写出了他最负盛名的史学巨著《廿二史札记》。在书中，他梳理阐释了“历代治乱兴衰之故”，以史为鉴，经世致用。他对各朝吏治尤为关注，认为一个朝代的吏治好坏，与施政环境和官场纪律有很大关系。“朝政肃，则刑余为吏亦能砥节奉公；朝政弛，则士大夫亦多贪纵。”意为在风清气正、纪律严明的环境中，无论大小官吏都不敢懈怠徇私；反之，则易滋生贪婪纵欲。

赵翼还以明朝权倾一时、大肆贪贿的宦官刘瑾为例，一针见血地指出“贿随权集”，即权力不受监督，是腐败出现的根本原因，而无论是大臣还是宦官，一旦掌握权柄，都将吸引行贿者源源不断地为他们输送利益。更严

赵翼故居（资料图片）

重的是，既得利益者还会“顾其门户”，阻碍制度变革，魏晋南北朝时期，沦落为门阀工具的九品中正制即是如此。

基于历朝历代的吏治得失，赵翼提出了许多引人深思的观点：制度法令不能一成不变，而要随实际条件的变化而变化；反腐倡廉并非单一方法就能“包治百病”，而是由制度、法律、教育、文化风俗等多重因素互动相促的动态过程。囿于时代局限，赵翼虽无法给出整顿吏治的最终方案，但他的著作仍为今日的反腐倡廉提供了宝贵的历史借鉴意义。

评说赵翼

赵翼以精于史学、考据而闻名，所著《陔余丛考》《廿二史札记》享誉后世。但赵翼同时也是一名官员，在中央当过内阁中书、翰林院编修，在地方当过广西镇安知府、广东广州知府、贵州贵西兵备道，并在云南参与过缅甸之役的军务等，同样留下了可圈可点的事迹。

举《清史稿》其本传所载一例。赵翼在任镇安知府期间，当地百姓往常都是用竹筐向社仓交谷，“以权代概”，以秤量的方式代替用概板刮平。后来，主管部门因为要买马接济滇军，“别置大筐敛谷”。一个“敛”字，道出了“民苦之”的必然结果。赵翼到任后，则“听民用旧筐，自权，持羡去”，不仅允许百姓沿用旧筐，亲自过秤，而且让百姓把盈余的部分拿走。这一来，令百姓感激不已，以至于赵翼“每出行，争肩舆过其村”，百姓争着用肩舆抬着赵翼经过他们的村落。

用今天的话来表述赵翼此举，可谓“金杯银杯不如百姓口碑”，而用《五灯会元》中的说法，叫作“劝君不用镌顽石，路上行人口似碑”。镌顽石，即刻石碑。石碑与口碑两者均事关颂扬，前者是有形的，通过把颂扬文字镌刻于石质材料之上，以期不朽于后世，后者是无形的，属于人们口头、行为上的嘉许，所谓不胫而走。相对而言，无形的口碑无疑更接近客观事实。南宋曾极有《金陵百咏》，其中的《没字碑》咏道：“漫漫荒池浸绿芜，残碑一丈载龟趺。当年刻画书勋阀，雨打风吹字已无。”不就很难说他在“就事论事”之外，没有其他的意味吗？

赵翼在学术上的成就辉煌耀眼，其官海生涯中锐意革新除弊、为民利民的作为似乎少为世人所知。但是他这样做了，历史便书写了这一笔。古往今来，口碑如何理当作为考察官员的标尺之一，因为它等于纳入了民意。

【史鉴】

赵翼，字耘松，阳湖人。生三岁能识字，年十二，为文一日成七篇，人奇其才。乾隆十九年，由举人中明通榜，用内阁中书，入直军机，大学士傅恒尤重之。二十六年，复成进士，殿试拟一甲第一，王杰第三。高宗谓陕西自国朝以来未有以一甲一名及第者，遂拔杰而移翼第三，授编修。

——民国·赵尔巽等《清史稿·赵翼传》

【诗鉴】

绿发诸郎并白头，同承天泽赋呜呦。

先生人瑞真麟凤，下走才微一燕鸠。

——清·姚鼐《题赵瓯北重赴鹿鸣图　其二》（节选）

民族英雄林则徐 以廉立威洁如玉

林则徐（1785—1850），字元抚，福建侯官县（今属福建福州）人，清代政治家、文学家、思想家。嘉庆十六年（1811年）选为庶吉士，授翰林院编修。后历任江苏按察使、东河河道总督、江苏巡抚等职，道光十七年（1837年）升湖广总督。道光十九年（1839年），受命钦差大臣的林则徐虎门销烟，彪炳史册。他为官清廉，不畏权势，行事果敢，不假情面，在农业、漕务、水利、救灾、吏治等方面均有作为。

虎门鸦片战争博物馆广场上的林则徐塑像
（刘大伟　摄）

清道光十九年（1839年）四月廿二日（6月3日），广东虎门海滩上搭起礼台，幡旗飞舞，人山人海，拍手称快声、敲锣打鼓声、鞭炮声此起彼伏。在民众的见证下，无数鸦片被切割后倒入盐卤池中浸泡，再投入石灰，石灰遇水腾起滚滚烟尘，工人们手持木耙不停在池中搅拌，确保烟土完全溶解……

这便是震惊中外的虎门销烟，在二十多天里，共有近两万箱、总重二百三十七万余斤的鸦片被集中公开销毁。这一壮举极大地鼓舞了中国人民的斗志，在中国近代史上写下了反帝、反侵略斗争的光辉一页。而领导这场禁烟运动的，便是杰出的民族英雄、时任禁烟钦差大臣的林则徐。

虎门销烟前，清政府也曾多次颁布禁烟谕命。然而，当时官场吏治黑暗、腐朽深重、货赂公行，鸦片屡禁不止。而林则徐之所以能禁烟成功，则与他“但当保涓洁，弗逐流波奔”的高尚操守密切相关。数十年为官生涯中，他勤勉实干，兴利除弊，厉行廉洁，惩奸除恶，在政绩斐然的同时，还留下了“海纳百川，有容乃大；壁立千仞，无欲则刚”“苟利国家生死以，岂因祸福避趋之”等传世箴言，为后世树立起一座不朽的人格丰碑。

保民如子　清廉为重

1785年，林则徐出生于福建侯官县（今属福建福州）一个私塾教师家庭。林则徐在《先考行状》中对父母的言传身教作过生动描述：父亲性格耿直，“读书之外，无他嗜好”，他深恶官场腐败，教育子女要品行端正，“不妄与一事，不妄取一钱”；母亲时常做些针线活以补贴家用，即使后来家境好转，依旧布衣蔬食，简朴度日；林氏夫妇育有三子八女，尽管生活清苦，依旧乐善好施，“视人之急犹己”，为了帮助穷困如洗的亲友，宁可自己忍饥挨饿。

林则徐自幼便随父亲在私塾中学习，他天资聪颖，据传少年时就写出了“海到无边天作岸，山登绝顶我为峰”的诗句，令众人惊叹。

1811年，林则徐在科举考试中获得殿试二甲第四名，被赐予进士出身，两年后入翰林院庶常馆。在翰林院工作期间，他曾主持江西和云南的地方考试，以公正谨慎深受考生和同僚的好评。

从1820年起至虎门销烟之前，林则徐先后担任江南道监察御史、江苏按察使、陕西按察使、湖北布政使、江苏巡抚、湖广总督等职位。“为政若作真书绵密无间，爱民如保赤子体会入微”，这是同科进士程恩泽赠予林则徐的联句，也是对林则徐履职表现的精准评价和高度褒扬。

在江苏按察使任上，林则徐改革司法弊端，加紧案件审查，只用数月就把积案清除了十之八九，被百姓称颂为“林青天”；在任东河河道总督期间，为了治理黄河，他顶着刺骨寒风，实地探访沿河地势水貌，逐一查验两岸治水所用的数千个秸秆堆的新旧虚实，绝不马虎。

1833年，江淮一带暴发特大洪水，在道光皇帝已经下令不准缓征赋税的情况下，时任江苏巡抚的林则徐毅然抗旨上疏，为民请命。在奏折中，他痛陈当地受灾惨状，从“国计与民生实相维系”出发，请求朝廷“纾民力”“培元气”，切实减轻灾民负担。他还亲自制订赈灾章程，带头发动社会各界捐粮捐钱，认真核查灾户情况，做到“户必亲填，人必面验，票必亲给”，保证赈灾款项使用的公开、透明、到位。

清嘉庆、道光年间，官场贪污受贿风气极盛。林则徐在《答陈恭甫前辈寿祺》一诗中，对攀附弄权、“志在饱温”的“利禄徒”予以痛斥。对于吏治，他坚持认为“立政之道，察吏为先”，认为朝廷对于官员的考察，应该

"首以清廉为重"（参见《林则徐集·奏稿》）。

对于玩忽职守、碌碌无为的官吏，林则徐一向敢于弹劾，不避权贵。他在任江南道监察御史时，就曾毫不留情地参奏满洲贵族出身的时任河南巡抚琦善办事不力、庸碌无能。1830年至1831年，林则徐先后任湖北、河南、江宁布政使，对各地假借赈灾、治水名义敲诈勒索、营私舞弊的污吏，他一律严惩不贷，所至之处，"贪墨吏望风解绶（辞职）"（金安清《林文忠公传》）。

惩贪拒贿 以廉立威

林则徐很早就意识到鸦片流毒泛滥对国计民生危害甚大，他在1823年担任江苏按察使时，就曾请求道光皇帝颁旨在全国范围内禁烟，并率先在苏州开展禁烟实践，一定程度上遏制了鸦片在当地蔓延。

到了虎门销烟前，鸦片走私、贩卖和吸食问题更趋严重。据时人计算，1838年至1839年，外国商人输入国内的鸦片烟土近四万箱，合约四百万斤。林则徐不断上奏疾呼，若不禁绝鸦片，"数十年后，中原几无可以御敌之兵，且无可以充饷之银"（参见《林则徐集·奏稿》）。道光皇帝深受触动，1838年底任命他为禁烟钦差大臣，节制广东水师，赴广州主持禁烟工作。

1839年3月，林则徐抵达广州后，即会同两广总督邓廷桢、广东水师提督关天培，采取一系列严厉的禁烟措施。经过周密部署，他先后制定颁发了《禁烟章程十条》《查禁营兵吸食鸦片条例》等禁烟条规，派人缉捕烟贩，收缴烟土和吸食工具，破获烟案数百起，逮捕人犯二千二百名，缴获大量鸦片、烟枪、烟锅，还惩办了多名收受贿赂、纵容包庇鸦片走私的水师官兵。

乾隆皇帝实行"一口通商"政策后，广州便成为全国唯一的对外贸易口岸，以十三行为代表的行商凭借政府特许的对外贸易垄断权迅速崛起，在官府和洋商打交道的过程中，扮演着至关重要的桥梁角色。当时，林则徐传讯十三行行商，责令其向洋商转交谕帖，命令外国烟贩在三日内将船上所有鸦片上缴，并出具"具结"（担保文书），声明以后"永不敢夹带鸦片，如有带来，一经查出，货尽没官，人即正法"（参见《林则徐集·公牍》）。《东莞县志》中记载了这样一段轶事：十三行之首的怡和行行主伍绍荣（即伍崇曜）

广州林则徐纪念园内，林则徐销烟的浮雕群像（徐昊 摄）

饱尝鸦片走私的丰厚油水，当即拉拢林则徐，表示“愿以家资报效”。不料，林则徐对这桩“交易”根本不为所动，愤然怒斥：“本大臣不要钱，要你脑袋尔！”

事实上，身为钦差大臣的林则徐并非“不差钱”。他在家书中，曾向家人倾诉过经济上的烦恼，广州为繁华之地，“开支甚巨，恒虑入不敷出”。但他矢志清廉，“决不敢于俸禄而外，妄取民间或下僚分毫”，坚称“污手之钱决不要一文也”。

“欲影正者端其表，欲下廉者先己身。”这是林则徐的一条座右铭。他刚到广州时，曾在办公衙府前公布了《关防示稿》，规定钦差及随行人员须在公馆内用餐，不能借各种名义盘剥勒索；衣食日用一律自备，不须地方供应；采买物品照市价付现钱，不准赊欠、少付；出入坐轿等日常事宜自行解决，不用地方上安排；不得假借钦差的名义滋扰百姓。

林则徐廉正律己的高尚品格，使得禁烟运动进一步赢得了民心。广州乡绅、商人和民众曾向他赠送了五十多个颂牌，称赞他“清正宜民”“清明仁恕，廉洁威严”。

清廉传家　慎守儒风

林则徐主导的虎门销烟，有力地打击了日益猖獗的鸦片走私贸易，维护了中华民族的尊严和利益。然而，由于英方的军事威胁和朝中议和派的诬陷、指责，道光皇帝不得不将林则徐革职查办，流放到新疆伊犁。林则徐在和家人告别之际，尽管前途生死未卜，却仍不忘忧国忧民，写下了名垂青史的爱国诗句——“苟利国家生死以，岂因祸福避趋之”（《赴戍登程口占示家人》）。

1845年，朝廷重新起用林则徐，先后调任他为陕甘总督、陕西巡抚、云贵总督等职。1850年，林则徐在赴广西任职途中，病逝于广东普宁。

“一生任事而不牟利，尽瘁而不热中（热衷名利），临难而不退避，受屈而不怨尤。”这是林则徐后人对其生平的概括。林则徐素来将林氏家族的世代清白视为至宝，他曾写过一副很有名的对联：“子孙若如我，留钱做什么？贤而多财，则损其志；子孙不如我，留钱做什么？愚而多财，益增其过。”

去世前，他留给三个儿子的家产，包括房屋、田地等，总共约值三万两白银，且“无现银可分”（参见《析产书》）。这笔财产，仅仅相当于那时总督级别的官员一年半的“养廉银”（清代朝廷为鼓励官员清廉自持，于薪酬之外发放的补贴）。林则徐叮嘱儿子们要“慎守儒风，省啬用度”，切不可养成奢侈享乐的不良作风，“倘因破荡败业，即非我之子孙矣”。曾国藩在给其弟曾国荃的家书中由衷感叹：“（林则徐）督抚二十年，家私如此，真不可及，吾辈当以为法。”

林则徐的三个儿子中，长子林汝舟资质过人，科场得意，二十来岁即中进士，进了翰林院。林则徐为避免儿子飘飘然，在家书中一再告诫他“侥幸成名，切不可自满”，要他时刻保持头脑清醒，“一戒傲慢，二戒奢华，三戒浮躁”，不要因为沾染了一身官场习气而荒废学业。

同时，他又修书给夫人，要她加强对当时仍然在家读书的次子林聪彝的管教，希望次子谨慎做人，千万不可仗着父亲的地位，“与官府妄相来往，更不可干预地方事务”。

“察德泽之浅深，可以知门祚之久暂。”（王永彬《围炉夜话》）林则徐之所以能做到光明磊落、忠公报国、经世济民，与其祖辈勤俭、仁厚、淡泊、正直的家风熏陶密不可分；他自己也曾结合毕生心得手书“十无益”格言，悬于家中，其中就包括“妄取人财，布施无益；淫恶肆欲，阴骘无益”等教诲。林则徐谨严俭朴的家风传承与清正廉明的从政之道交相辉映，为后世为官者树立了典范。

评说林则徐

提到林则徐，人们马上会想到虎门销烟。这是人类历史上旷古未有的壮举，展示了中华民族反对外来侵略的决心。实际上，林则徐不仅有其民族英雄的一面，而且有其廉洁奉公、勤政爱民的另一面。相传，他在被贬谪到新疆后，发动当地大规模修建坎儿井，于是，坎儿井这种自汉代已经出现的自流灌溉方式，被百姓亲切地称为“林公渠”。

像历史上的有识之士一样，林则徐也十分看重清廉。他有个观点，叫作察吏“首以清廉为重”。判断一个人该不该提拔，先看他清廉与否，林则徐自己是做到了的。1839年他离京赴粤查禁鸦片，行前便知会广东有关方面，“此行并无随带官员供事书吏”，也“并无前站后站之人”，沿途“所有尖宿公馆，只用家常饭菜，不必备办整桌酒席，尤不得用燕窝烧烤，以节靡费”等。总之，一不准下属远迎，二不准摆酒席，三不准随行人员索贿受贿。他特别强调“此非客气，切勿故违”，自己“言出法随”。

某人专注于某事而成癖，往往易为人们津津乐道。如西晋王济善相马又“甚爱之”，有马癖；杜预痴迷研究《左传》，有《左传》癖；唐朝郭子仪厉行节约，有“陶侃癖”。然而，在众多癖好中，独有钱癖者为世所贬损，众口一词。再拿西晋王戎为例，他“积实聚钱，不知纪极”，经常“自执牙筹，昼夜算计，恒若不足”。因此，王戎虽名列“竹林七贤”之一，但“性好兴利”而不免“获讥于世”。对官场中人而言，注重清廉才可能洁身自好，如明朝曹端所言：“廉则吏不敢欺。”反之，一旦东窗事发，势必身败名裂。

当年，林父教育林则徐“不妄与一事，不妄取一钱”，不难看到，林则徐继承了这种家风。在此基础上，他根据自己修养标准提炼出的“十无益”，更超越了林家家训，在社会价值观方面具有普遍意义。

［史鉴］

十八年，鸿胪寺卿黄爵滋请禁鸦片烟，下中外大臣议。则徐请用重典，言："此祸不除，十年之后，不惟无可筹之饷，且无可用之兵。"宣宗深韪之，命入觐，召对十九次。授钦差大臣，赴广东查办，十九年春，至。总督邓廷桢已严申禁令，捕拿烟犯，洋商查顿先避回国。则徐知水师提督关天培忠勇可用，令整兵严备。檄谕英国领事义律查缴烟土，驱逐趸船，呈出烟土二万余箱，亲莅虎门验收，焚于海滨，四十余日始尽。

——民国·赵尔巽等《清史稿·林则徐传》

［诗鉴］

附公者不皆君子，间公者必是小人，忧国如家，二百余年遗直在；

庙堂倚之为长城，草野望之若时雨，出师未捷，八千里路大星颓。

——清·左宗棠《挽林则徐联》

史策丹心在，光阴白发侵。

玉关何处问，西望暮云沉。

——清·王景贤《送林少穆先生戍伊犁》（节选）

直刚肃

『为官避事平生耻，视死如归社稷心。』语出金元时期的文学家元好问。在中国传统社会，诸多贤者名士因其勇于担当、刚正不阿、直言敢谏的品质而为世代传颂。在其位谋其政，为官一任就应造福一方，若不敢任事、避事躲事，就是对官德的损辱。面临急难险重，敢于主动应对，遇到盘根错节，敢于直面化解，对待不正之风，敢于伸张正义，才堪称有胸怀、有格调、有担当的好官。

开粤风雅杨孝元 吏治必务平与廉

杨孚（生卒年不详），字孝元，南海郡番禺县（今广东广州）人，东汉官员、学者，从仕于章帝与和帝两朝。建初二年（77年）拜议郎，后任临海太守。性格耿直，不攀附权贵，以直言敢谏著称，呼吁恢复旧制、孝治天下的国策，主张整肃官场纪律，清除腐败痼疾。著作《异物志》是我国第一部地区性的物产专著，被公认为广东最早著书立说的学者。

竖立于广州越秀南粤先贤公园内的杨孚雕像（徐昊　摄）

自古以来，《左传》里提到的“立德”“立功”“立言”，即品行、功业、学问，一直被中国人视为人生的三大目标。而其中立功的主要途径是出仕，这是中国古代无数学子梦寐以求的“正途”。

秦汉时期，岭南地处偏远，入朝为官者堪称凤毛麟角。那么，早期粤籍官员是通过何种途径获得朝廷青睐的？他们当时所处的官场风气与环境如何？其中的佼佼者又是如何成为集高风亮节、积极有为与倾世才学于一身的人格典范的呢？

今天，深藏于广州市海珠区下渡村东约一巷的一口古井，或许能为我们带来一些启示。

这口红砂岩古井形制古拙，铺有青砖麻石，居于民宅高楼林立环拥之中，虽貌似寻常，其实大有来头——这就是“杨孚井”。它的开掘者相传为最早有明确记载的粤籍京官之一，也是第一位著书立说、见于史志的广东学者杨孚。他的《异物志》第一次对岭南风物进行了系统性整理，因其中一部分采用四言诗体写成，故他又被后人誉为“粤诗之祖”“岭南最古学人”。明清时期“岭南三大家”之一、著名学者兼诗人屈大均曾称赞他是“开吾粤风雅之先者”（《广东新语》卷十二·诗语）。

北上京师　察举入仕

75—88年，是东汉第三位皇帝汉章帝刘炟在位时期。汉章帝效法父亲明帝推崇儒术治国，主张“与民休息”，政宽刑疏，大兴农桑，崇尚简朴，史称“明章之治”。

对于来自南海郡番禺县漱珠岗下渡头村的儒生杨孚来说，一个千载难逢的机遇就此降临。

在汉代，科举制尚未诞生，朝廷主要通过“察举”制度选拔人才，被举者经考试合格后，由政府量才录用。建初元年（76年），汉章帝诏令各地推举贤良方正、直言极谏的人才。随后（一说77年），杨孚获得举荐北上京师洛阳，通过了朝廷举办的“贤良对策”考核，官拜议郎，以皇帝身边参政议政的近臣身份，就此踏上东汉王朝权力中心的舞台。

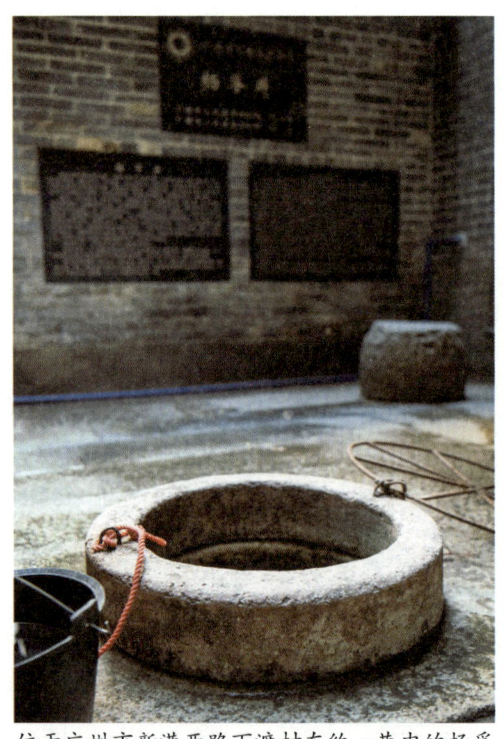

位于广州市新港西路下渡村东约一巷内的杨孚井（徐昊　摄）

然而，在他身后大约一千五百年的漫长时光里，杨孚始终是一个隐而不现、存有疑窦的名字——正史无传，生卒年不详，《异物志》原著早佚。直到明代，《广东通志》《百越先贤志》等方志中才出现其生平事略，他的高识博雅与清廉志行才逐渐浮出水面。

杨孚所担任的议郎，是秦时设立的职位，汉代因袭，主要的职责是“顾问应对”，对皇帝的言行进行规谏讽谕，辅佐治理，相当于高参和智囊。秦汉时期在政治制度顶层设计上最重要的成果之一，便是初步形成了“监官”与“谏官”两大系统：前者自上而下，例如御史中丞代表皇帝纠察百官，刺史则受命周巡各地；后者自下而上，对君主的“人治”予以一定程度的干预、制衡。两者的职权范围既相互补充，又有重合之处，例如都可以检举揭发官员不法行径。东汉时期尚无专门的谏官机构，议郎隶属于光禄勋，官秩为六百石。议郎虽不掌实权，但因司职言论，故而实为权重要职。

直言极谏　整肃官纪

从《百越先贤志》等记载中可以看到，杨孚谏议领域很广，涉及军事、外交、人事、礼制等。譬如，在如何对待匈奴的问题上，杨孚提出“创造用武，守业尚文”，重申先帝“虏来则应，未尝先伐”的遗嘱，用今天的话来说，就是“既不怕事，也不惹事”。

杨孚更重要的两项上疏内容，一是呼吁恢复旧制、以孝治天下的国策。他倡导选拔孝廉，要求郡国之士诵读《孝经》，为汉和帝所采纳，下诏命令“中外臣民均行三年通丧”，对中国漫长的封建社会产生了尤其深远的影响。二是主张整肃官场纪律，清除腐败痼疾。针对当时“郡邑侵渔，不知纪极，货贿通于上下，治道衰矣”的现状，他态度鲜明地指出“吏治必务廉平”，反对地方官搜刮、贿赂等不正之风，以是否廉洁作为考核和选拔官员的标准。这一建言也获得了汉和帝的认同，他随即下令，禁止官员仗着官威假公济私，或曲解律令，中饱私囊，凡有违背者一律重罪。

事实上，“吏治必务廉平”可说是历朝历代的共识。据《周礼》所载，早在西周时期，就以所谓“六计”——“善”“能”“敬”“正”“法”“辨”来考察官吏是否贤能兼备，其中每一项都冠以“廉”字，以“廉善”为首。春秋时期著名的政治家管仲在《管子》开篇中，将“礼、义、廉、耻”列为“国之四维”，把“廉”作为一项治国纲纪。现存最早的“官箴”文献——秦简《为吏之道》亦曾提到，“精洁正直，慎谨坚固，审悉毋私”是官员必备的素养要求。

到了汉朝，《汉书》记载，西汉文帝带头“躬修俭节”，重用廉吏，“官吏以饮食免”，反对大吃大喝。景帝明令禁止官员利用职权投机倒把从中渔利，否则“坐臧（赃）为盗”，按照盗窃罪予以量刑。汉武帝施行“罢黜百家，独尊儒术”之后，儒家“舍利而取义”的价值观，使得统治者对清廉这一“官德”愈发看重。汉武帝还亲自为刺史“划重点”，开列了六种重点监督的违法行为，名为“六条问事”。

东汉时，为了遏制贪腐，中央对人事任免的管理日趋周密严厉，如贪墨者子孙三代不得为官。东汉桓帝时期还颁布了第一个明文规定官员任职回避的法规《三互法》。

杨孚故里（徐昊　摄）

著书明志　廉传后世

根据《百越先贤志》的说法，杨孚撰写《异物志》的初衷，也与其倡廉思想相关。当时南海郡属于交趾部刺史监察辖区。刺史每年夏天巡视岭南各郡的吏治民情，冬天回京表奏述职，举刺不法。不少地方官员以玳瑁等中原地区少见的特产“竞事珍献”，以此笼络、贿赂京官。杨孚在记录岭南草木、鸟兽、玉石等诸物种类、习性及用途之余，又故意以“异物”名之，实则是表达“讽切”之情。未料这本书却成了我国第一部地方性的物产专著。

著名学者黄仁宇在《西汉与东汉——赫逊河畔谈中国历史》中谈到，统治者重申儒家宗旨，是为了“加强施政时道德力量的支持”。正如《论语•学而》所言：“其为人也孝弟（悌），而好犯上者鲜矣；不好犯上而好作乱者，未之有也。”崇“孝”的实质是教化臣民，不犯上作乱。同样，汉代官场的尚“廉”之风，也是出于巩固封建统治秩序这一目的。杨孚的一番诤谏，期望的是上行下效，最终起到安抚人心的作用。尽管无法摆脱时代和阶级属性的烙印，但其人其事对于今天反腐倡廉仍不乏借鉴意义。

杨孚晚年荣归故里，深得百姓拥戴，广州民间流传的一则轶闻可证。传说杨孚从京城洛阳带回了两棵松柏植于宅前，有年冬天气候温暖的广州竟然下起了雪，雪满枝头的景象引得众人称奇。有人说，这是因为松柏思念北国家乡所致，青松覆雪正是杨公一生的写照，挺直如松，洁白似雪，从此尊称他为“南雪先生”。唐代诗人许浑所写的《冬日登越王台怀归》一诗中，就有“河畔雪飞扬（杨）子宅”的诗句。屈大均认为，广州市区南部之所以被称为“河南”，正是源于杨孚“河南飞雪”的典故。

另据清代同治年间刊行的《番禺县志》记载，杨孚故居遗址是因当地人在掘地时意外得一砖刻，云“杨孝元宅”，从而得以被确认，但遗址砖刻出土具体时间不详。道光年间，还有一座为纪念杨孚而修建的“杨子祠”。在今天，“杨子宅”与“杨子祠”都已不存，唯有相传为其故居遗址后花园处的“杨孚井”，被列为广州市文物保护单位，经过精心修缮、清理，井底至今泉涌如故，水质甘洌。在有自来水之前，井水便是村民日常汲用之源。

距此不远处，便是广州著名的食街下渡路，人潮往来，市声喧嚷。蜿蜒的小巷尽头，一泓千年不腐的泉水，静静流淌于人间烟火最深处，以日以年，润泽一方。冰心化清流，故土为玉壶。或许对于一位辞世已近两千年的广东先贤来说，这不失为一种最好的归宿。

评说杨孚

如果说，杨孚是南粤本土的第一位先贤，恐不为过。所谓本土，自然是相对于外来而言。广东早些年对南粤先贤有过评选，还建立了相应的场馆。然如韩愈、苏轼、包拯等诚然鼎鼎大名，对南粤也确有开化之功，但他们来这里为官的前提，往往是被贬谪、被放逐，很有些委屈或憋屈。寇准有“到海只十里，过山应万重”句，悲凉尽在其中。

杨孚不然，在京师洛阳为官之后，他是荣归故里，甚至带回洛阳松树移植宅前。许浑有“烟深扬（杨）子宅，云断越王台”，以及“河畔雪飞扬（杨）子宅，海边花盛越王台”句，表明至少在唐朝，“扬子宅”即关于杨孚的遗迹已成广州名胜，可与南越王赵佗的遗迹相提并论。杨孚能够赢得这一美誉，端在于他的作为。虽然杨孚的事迹和著作只是散见于历代典籍之中，然而将这些零星的史料爬梳出来，集结在一起，仍然可以还原出活生生的杨孚形象，尤其是他“吏治必务廉平”的主张，以及在为官方面身体力行所留下的政声，足令后人景仰。

一个人为国家、为社会究竟做了些什么，无论如何是不会被埋没也是埋没不了的。为塑造南粤文化作出杰出贡献的外来先贤无疑是值得我们纪念的，与此同时，我们还要光大那些受南粤文化熏陶又反哺南粤文化、为之增光添彩的本土先贤。杨孚正为其一。

［史鉴］

其巧法析律，饰文增辞，货行于言，罪成乎手者重罪之。赐天下男子为后者爵二级，三老孝悌力田三级，鳏寡孤独笃疾不能自存者粟人三斛。时南海属交趾郡，刺史夏则巡行封部，冬则还奏天府，举刺不法，其后竞事珍献，孚乃枚举物性灵悟，指为异品以讽切之，著为《南裔异物志》。自后罗浮玳瑁之属日绝，时谓能通神明。

——明·欧大任《百越先贤志·杨孚传》

［诗鉴］

岭外共忘征汇始，卸庄谁念得名初。
还他消长河图数，不似江潮易感予。

—— 明·梁以壮《大雪日登海幢僧阁有怀汉杨孚》（节选）

罗浮玳瑁绝，燕地汶篁萎。
隃领集霰少，况我南海湄。
君谓通神明，谁夺造化司。
眄睐且适意，偶然君何疑。

——明·欧大任《议郎杨孚宅种洛阳松柏冬雪盈树对客作》（节选）

『异代九龄』余安道 风采逸然动公朝

余靖（1000—1064），字安道，号武溪，韶州曲江（今广东韶关）人，北宋政治家、外交家、思想家和文学家，“庆历四谏官”之一。天圣二年（1024年）进士及第，任赣县（今属江西）县尉，后历任集贤校理、知桂州、广西体量安抚使等职位。嘉祐六年（1061年），以尚书左丞知广州，兼广南东路经略安抚使等职，官至工部尚书。品性刚方，直谏敢言，一生三使契丹、两平蛮寇，为国尽忠。去世后追封刑部尚书，后人尊称“余忠襄公”。

余靖像（范永敬　摄）

继唐代著名的“风度”宰相张九龄之后，北宋时期的岭南地区又出现了一位以“风采”流芳百世的历史文化名人，他就是被后人称为“异代九龄”的余靖。

余靖本名希古，字安道，号武溪，广东韶州曲江人，北宋著名政治家、外交家、思想家和文学家。北宋仁宗时期，余靖曾任集贤校理、知桂州、广西体量安抚使等职位，还曾以尚书左丞知广州。宋英宗继位后，他升至工部尚书，去世后被追赠刑部尚书，谥号为“襄”，被尊称为“余忠襄公”。

余靖一生为国家竭智尽忠、建言献策，出生入死、任劳任怨。他在外交、军事、经济、民生等方面都有建树，集学问、政绩、才干于一身。尤其是他在担任谏官期间无私无畏、耿直敢谏、弹劾奸吏的事迹更是深受世人赞誉。他与范仲淹、欧阳修、尹洙被尊称为北宋“四贤”；与余靖同朝为官的蔡襄称赞他“好竭谋猷居帝右，直须风采动朝端”；宋仁宗为他御笔亲题：“风采第一，广南定乱，经略无双。”余氏后人遂以“风采”为家族堂号，在海内外广为传扬其品德和事迹。

从政四十年间，余靖从自身仕宦经历与心得出发，总结出“清、公、勤、明、和、慎”等《从政六箴》，以此作为立身原则和自觉要求。《从政六箴》集中体现了余靖清廉守正、抱公绝私、明辨是非、勤恳尽责、推崇俭朴、谨言慎行等精神品质，历经千年依然字字如金，令人深思。

直谏敢言　气虹万丈

据欧阳修《赠刑部尚书余襄公神道碑铭并序》所载，余氏先祖原本世代居住在福建，五代之际为逃避战乱迁居韶关，到余靖父亲时方出仕为官。

余靖自幼通览群书，博闻强识，历代史记、诸子百家，包括小说、律历，都有涉猎。余靖于天圣二年（1024年）举进士，开始步入仕途。最初，他在地方上做过县尉，后来迁任秘书丞，担任集贤校理等职位，从事典籍的整理和校勘工作。在此期间，他治学严谨，以古鉴今，深究治国之道，积累了深厚的史学修养。在地方任上体察吏情、民情的实际经验，也为他日后与欧阳修、蔡襄、王素并称“庆历四谏官”奠定了坚实的基础。

根据《宋史•余靖传》，余靖初次展露出不避权贵、犯颜直谏的品质，是在宋仁宗景祐三年（1036年）。时任礼部员外郎的范仲淹将朝中官员升迁乱象，绘制成一幅《百官图》上呈宋仁宗，揭发宰相吕夷简用人不当、以权谋私。吕氏深为震怒，反诉范仲淹勾结朋党、离间君臣，范仲淹因此被贬出京城。就在满朝谏官、御史因忌惮吕氏权势而噤言之际，唯独当时还不是谏官、与范仲淹也素无交情的余靖，不惧株连，冒着“越职言事”的风险，为范仲淹鸣不平。

余靖在上书中恳请宋仁宗开张圣听、虚怀纳谏，对于像范仲淹这样忠心耿耿、检举大臣的言论，可以选择听或不听，但不要轻易因言治罪。余靖更是犯颜直指宋仁宗自亲政以来，多次驱逐议论朝政的人，长此以往，恐怕会钳住天下人之口，导致言路杜绝。

当时，宋仁宗并未采纳余靖的进言，反而将他一同贬官，但余靖刚直不屈、勇于进谏的名声，就此传扬开来。

不久，宋仁宗迫于内忧外患、国乏民困、社会动荡的形势，不得不在庆历年间（1041—1048年）发起新政。庆历三年（1043年），他将余靖提拔为右正言，谏院供职，余靖至此正式以谏官身份踏上历史舞台。

此时的余靖仍然不改当初冒死直谏、头上“生头角”、“气虹万丈”的风骨（蔡襄《四贤一不肖诗》），每有谏言，无所回避。庆历四年（1044年）夏，宋仁宗不顾国库空虚、边防吃紧，有意重修汴京（今河南开封）开宝寺内毁于雷火的寺塔。余靖为避免修塔劳民伤财，在朝堂上当着宋仁宗的面极力劝阻。因为余靖素来不修边幅，宋仁宗退朝后，连声向宫人抱怨："今天被一汗臭莽汉熏杀，他还喷了我一脸唾沫！”（李焘《续资治通鉴长编》）因余靖、蔡襄等人的反对，修塔之事最终作罢。

弹劾奸佞　整顿纲纪

余靖专司谏职之后，在“庆历新政”期间写了大量奏折，存世有五十多篇。这些文章不仅针砭时弊、切中要害，更为朝廷出谋划策，如宽租赋、厚农桑、节国用、防盗寇等，涉及“备灾之术”“安民之术”“经国之要”“救患之方”等施政方略。

余靖主张“中外之政，安民为本”，他一方面劝说宋仁宗行德治、施仁政、安民心，对于劳苦大众，要“缓其期”“宽其力”“减其役”；另一方面，他始终将吏治视为新政成败之关键，提醒宋仁宗“任人唯贤”，严选清廉、贤良、敬业的人才，对社会进行有力、有序、有效的管理。

例如，在抵御盗寇的问题上，他就将“去贪残之吏，抚疲瘵之民”看作是“求治之本”。针对南方多地出现蛮兵、流寇作乱的情况，他一针见血地指出，正是因为官兵“枉杀良民”的残暴行径，才导致乱象频生，并强烈呼吁朝廷重新委派良将，抚恤黎民，使百姓能恢复生产，安居乐业（余靖《武溪集校笺·奏议》）。

与此同时，余靖坚持与不良风气作斗争，对于一些碌碌无为、不循正道、营私舞弊的庸官、贪官，他毫不留情地予以抨击和揭露，对于辅佐朝廷整顿纲纪、扭转仁宗朝吏治的颓败局势，起到了重要的作用。

例如，他曾多次上奏弹劾已被宋仁宗任命为枢密使、即将来京赴任的夏竦，斥其“畏懦苟且”“奸邪倾险”，直至宋仁宗下诏取消了夏竦枢密使的职位，改调他职；他还以不任事、不称职、违反朝规等理由，弹劾参知政事王举正、户部判官王球、监察御史刘元瑜、太常博士茹孝标等人。宋仁宗爱妃的伯父张尧佐，凭借后宫嫔嫱势力，利用“斜封”“私谒”等不正规的任命流程，快速获得升迁。余靖一再上书宋仁宗阻止此事，他强调此等做法系不正之风，应予以坚决制止。

在担任谏官之余，余靖还曾多次出使辽国，利用辽与西夏的矛盾，巧妙斡旋，从容谈判，避免了辽宋之间再起战火。后来，宋仁宗采取了他的计策，册封西夏，使得辽与西夏爆发激烈冲突，极大缓解了两国对北宋边境的威胁，为新政的推行赢得了有利的和平环境。

然而，随着“庆历新政”的失败，加之奸臣的忌恨和报复，余靖于庆历五年（1045年）被罗织罪名，贬知吉州（今江西吉安）。

两袖清风　不取一物

被外放至吉州之后，余靖辗转于虔州（今江西赣州）、桂州（今广西桂林）、邕州（今广西南宁）、潭州（今湖南长沙）、青州（今山东青州）等

韶关市区内纪念余靖的风采楼

地任职。其间，他最重要的功勋之一，便是担任广南西路经略安抚使期间，配合大将狄青平定了以侬智高为首的叛乱，并询民疾苦，安抚流民，制定了休养生息的政策。

在此期间，余靖依然高度重视吏治问题。在邕州，他以清正廉洁为标准严明纪律，果断起用了一批廉洁奉公且具有真才实干的官员，惩办、撤换了一批违法乱纪的贪吏和庸碌无为的冗员。欧阳修《赠刑部尚书余襄公神道碑铭并序》称他镇守广西数年间，“岭海肃然”。

余靖还以身作则，所经各地，每逢上任、卸任，一律轻车简从。他严令下属官员不许泄露行踪，不得迎送，并谢绝一切馈赠，始终做到两袖清风。

嘉祐六年（1061年），余靖以尚书左丞知广州，兼广南东路经略安抚使、劝农使、市舶使等，管辖军事、政治、税收、贸易、冶金等各项事务。当时的广州因战事频繁，满目疮痍，治理混乱。余靖向朝廷呈上一系列关于减免流民田赋徭役以及外来商船“装船税”（外国商船装货时所纳的税种）的奏章，以复苏经济、振兴外贸，并获得了批准。他还大力惩治了一批贪赃枉法的官吏，令官场风气重归清明。尽管余靖统管职权甚广，他却从不搜刮民财、中饱私囊，甚至连朝廷因其平乱之功赐予的奖赏，他也分文不取，全部封存于广州的军资库内。据传，他到端州（今广东肇庆）、高州（今广东茂名）视察时，当地官员分别送他一方名贵的端砚和两颗角雕圆章，他都明确拒绝馈赠，坚持自己购买。

余靖在广州任职将近五年，因为官清廉，深受百姓爱戴。在任满还朝之际，他更是留下“不载南海一物”的佳话，凭借“风采清华”，博得世人交相赞颂（朱熹《五朝名臣言行录》）。

宋英宗治平元年（1064年），余靖于回京述职途中，病逝于江宁（今江苏南京）。他在晚年时，重新修订了青年时期撰写的《从政六箴》，以“清、公、勤、明、和、慎”六条箴言来约束自我。同时，他也将《从政六箴》作为行为规范，要求各级官员做到清廉、公正、勤勉、明断、和谐、慎重。在“六箴”中，他将“清廉自洁”作为“士”的核心操守，倡导为官当以“不贪为宝”；又将“抱公绝私”作为履职的纲要，主张为政之人要品行端方、秉公执法、不畏权势、不受贿赂。他还告诫下属，在工作中，要兢兢业业、辨清正邪；在生活中，要宽厚仁和、反对纵欲。

在余氏后裔整理的《余氏族谱》中，同样含“八箴、四禁、十六宜”家规，“八箴”中专门列有一项“廉箴”，而“十六宜”中所含“宜勤职业”“宜尚节俭”，又呼应了《从政六箴》中的“勤箴”“慎箴”，由此可见《从政六箴》对其家族影响深远。

总而言之，余靖《从政六箴》从为官宗旨、伦理道德，到履职素养、工作作风，形成了一套相对完整、丰富而又深刻的思想体系，堪称古代廉政文化史上的一笔宝贵财富。回顾余靖的宦途人生，无论在中央朝廷参政议政，还是驻守地方辛勤治理，他始终把清廉、自律放在首位，以整顿吏治作为工作核心，为国家和人民立下汗马功劳。余靖竭忠尽职、刚直持正的精神，时至今日依然熠熠生辉，风采动人。

评说余靖

余靖的《从政六箴》——“清、公、勤、明、和、慎”，无疑是超越时空的。其中“清”，也就是清廉、清白，被他排在首位，以为“政为民纲，清本士节。立于寡过，先乎自洁。根不坚固，枝必颠折”。

清廉的官吏历来受人爱戴，所以才有清官戏的长演不衰。历史上但凡留下口碑的官员，也都对“清”在宦海生涯中所占的位置有比较深刻的认识。明朝张翰的“清白信居官之要”，更言简意赅。清官的前提正是清廉，倘若收受了人家的贿赂，断案、裁决就不可能有公正可言。战国时的神医扁鹊认为“病有六不治”，没得医，必死无疑，“轻身重财”居其一。官场上的那些身败名裂者，应该最能体会扁鹊的话的意味。官员一旦把“清”置诸脑后，而一味地盯住钱财，就会不择手段，不顾一切。

与此同时，也要看到还有一种“清”，实际上是“伪”的。如《魏书·刘仁之传》载，刘仁之“对宾客，破床敝席，粗饭冷菜，衣服故败，乃过逼下”。长官如此之“清”、之“俭”，对下属甚至产生了不小的精神压力。然而刘仁之是个表面功夫能做得十足的人。他“外示长者，内怀矫诈”，在官场上“善候当途”，很能把握身居要职、掌大权的人的心理。这一切也十分奏效，令“浅识者皆称其美，公能之誉，动过其实”。伪“清”能换取丰厚的政治资本，许多官员都深谙其道，屡试不爽。

客观地说，即便真“清”，也是为官的起码要求，委实不值得张扬。本该如此的事又有什么可夸耀的呢？但具有真“清”的这种境界及其相应的作为，在当时社会里实在弥足珍贵。因为现实中，事实上许多本该如此的事情并不如此。余靖的《从政六箴》在今天仍然不失其借鉴意义，值得发扬光大。

［史鉴］

范仲淹贬饶州，谏官御史莫敢言。靖言：“仲淹以刺讥大臣重加谴谪，倘其言未合圣虑，在陛下听与不听耳，安可以为罪乎？汲黯在廷，以平津为多诈；张昭论将，以鲁肃为粗疏。汉皇、吴主熟闻訾毁，两用无猜，岂损令德。陛下自亲政以来，屡逐言事者，恐钳天下口，不可。”疏入，落职监筠州酒税。尹洙、欧阳修亦以仲淹故，相继贬逐，靖繇是益知名。徙监泰州税，知英州，迁太常博士，复为校理、同知礼院。

——元·脱脱等《宋史·余靖传》

［诗鉴］

御笔新除三谏官，士民千口尽相欢。
昔时流落丹心在，自古忠贤得路难。

——北宋·蔡襄《喜欧阳永叔余安道王仲仪除谏官》（节选）

南方之强君子居，卓然安道襟韵孤。
词科判等屡得隽，呀然鼓焰天地炉。
三年待诏处京邑，斗粟不足荣妻孥。
耳闻心虑朝家事，螭头比奏帝曰都。

——北宋·蔡襄《四贤一不肖诗·右余安道》（节选）

以诚立身刘安世 『殿上猛虎』威名驰

刘安世（1048—1125），字器之，号元城，大名府（今河北大名县）人，北宋名臣，“广东古八贤”之一。熙宁六年（1073年）登进士第而不就选，从学于司马光。后升任右正言，累官左谏议大夫，进枢密都承旨。以犯颜直谏闻名，被时人尊称为“殿上虎”。曾谪居梅州四年，开梅州文化教育先河。宣和七年（1125年）去世，赐谥“忠定”，有《尽言集》等传世。

刘安世像（简仁山　作）

封建王朝中，有句这样的话——“伴君如伴虎”，意即在皇帝身边任职非同寻常，一不小心便可能惹祸上身。特别是肩负规谏皇帝、纠弹百官重任的谏官，如何在权力中枢永葆凛凛气节和磊落胸怀，坚持忠言直谏、不辱使命呢？

或许，人们可以从北宋著名谏官刘安世的身上找到答案。《宋史·刘安世传》有载，他当面向皇帝汇报奏议、争论政事时，遇到天子盛怒也丝毫不惧，而是手执书简，静立一旁，等其怒气稍减，再行复奏。因此，刘安世被尊称为“殿上虎”，众人无不敬畏。

刘安世登上历史舞台时，已是北宋后期。宋神宗时期“熙宁变法”所引发的新旧党争，逐渐偏离了扫除积弊、谋求中兴的初衷，沦为不同派系之间争权夺利的惨烈内斗。而刘安世一生恪守一个“诚”字，为人诚实忠信，廉正刚毅，不为利益输送所笼络，不为强权威逼而屈服，因触怒权臣而不断遭到贬谪。北宋官场人人避之不及的“八州恶地”，刘安世就因贬官去过其中七处。在梅州，他甚至一度遭到暗杀的威胁，却仍旧看淡生死，岿然不动，赢得了苏东坡口中“真铁汉”之赞誉。

以“诚”立身　言行一致

刘安世，字器之，号元城，出生于大名府元城（今河北大名）一个仕宦家庭，父亲刘航与司马光是同年进士，曾任虞城、犀浦知县，宽猛并用，颇有治绩。刘航曾受朝廷派遣前往西夏册封西夏国主李秉常，凡是按例赠给使者的宝带、名马，一概推辞不受。回朝后，他在《御戎书》中解释称，自己恐为对方的丰厚馈赠所误导，故而“不可不戒”。

受父辈影响，刘安世年少时即“持论已有识”，他时常发表对政事的看法，颇有见地。历任四朝高官、出将入相的北宋重臣文彦博常召刘安世问事，刘安世均从容应答，例如谈及“熙宁变法”时，他建议去其所害、兴其所利，深得文彦博赏识。

熙宁六年（1073年），刘安世登进士第，但出人意料的是，他选择了辞官不就，跟随当朝宿儒司马光潜心修学，数年后才出仕为官。求学期间，刘安世曾向老师请教立身行事的要诀，司马光以一个“诚”字作答，并教导他从“不妄语”（不说假话）开始（参见《宋史》本传）。

不说假话，听起来似乎并非难事，但初涉仕途的刘安世却发现，日常所行与所言，“自相掣肘矛盾者多矣”。元丰年间，刘安世调任洺州（属河北西路，今河北永年一带）司法参军。当地有一个臭名昭著的贪官，转运使吴守礼有意稽查此人，向刘安世询问意见。起初，他谎称不知情，随后又内疚不安，深感自己没有诚实以对，愧对司马光的教诲。此后，刘安世愈发谨言慎行，七年后才真正悟通“诚”的含义，达到了“言行一致，表里相应”，从此“遇事坦然，常有余裕”（韩瓘《刘先生谈录》）。

以今天的眼光来看，司马光所倡导、刘安世所笃行的“诚”，可被理解为一个人内心坦荡、涤除私念，方能秉公执事、坚守正道。值得一提的是，刘安世对自己的恩师同样报之以“诚”。元祐初年（1086年），宋哲宗年幼，高太后垂帘听政，以司马光为尚书左仆射兼门下侍郎。司马光入相后，前来拜访的人络绎不绝，而此前逢年过节常来问候的刘安世却音讯全无，更不因为自己是新任宰相曾经的得意门生而刻意亲近、有所企图。

正因如此，司马光以刘安世“才而自晦，愿而有立，力学修己，恬于进取”（谦逊内敛，恭谨坚定，德才兼备，安分守己）为由，推荐其充任馆阁之选（司马光《传家集》）。元祐三年（1088年），刘安世又在吕公著的推荐下，出任右正言一职，自此进入谏官之列。

公正廉明　尽职尽言

《晋书》有云：“古之君子，入则致孝于亲，出则致节于国。”谏官职责特殊，一旦触忤权贵，祸殃立至，甚至累及家人，那么何以兼顾“国”与“家”、“忠”与“孝”呢？

刘安世在接到谏官任命之初，就曾为此忧心，一度打算以照料母亲的名义请辞。这时，刘母告诉儿子，谏官为“天下诤臣”，得到这个职位的人，不惜性命也要报效国家，倘若以后获罪流放，无论远近，她都愿意跟随左右。母亲的深明大义对于刘安世欣然领命起到了关键性的作用，也成为他日后敢于“面折廷争”（当面指出他人过失，在朝廷上据理力争）的勇气之源（参见《宋史》本传）。

担任谏官期间，刘安世直言上疏，关注君主与百官的道德修养、参议朝政缺失，主张国家“重法度”，明刑罚。刘安世晚年编订的《尽言集》中，记录了近两百条进言奏议，“用事下字皆精切，气节凛凛如严霜烈日”（费衮《梁溪漫志》）。这部奏议集以“尽言”为名，也暗含了刘安世“尽心建言”的用意。

“法之所行，自贵者始。”刘安世存世的奏疏中，许多都与抨击达官显贵有关。北宋中后期，朝中高官举荐子弟亲友“走捷径”把持要职的现象靡然成风，刘安世多次上奏表示反对。他声称，如果朝廷继续不加分辨地擢任官员们推荐的人选，不仅会败坏吏治，使得官场风气更加浮躁，还会助长以权谋私的觊觎之心，最终损害国家利益。因此，即便是对文彦博等“耆德魁旧”（有道德学问的年长旧臣）授予亲戚官职之事，他也一律据实上奏，弹劾不讳。

权臣章惇以儿子的名义，强行贱价购买民田。针对此事，刘安世连上十一道奏议，首先激烈地批评章惇作为社稷大臣，不仅没有以身作则、“奉法循理”，还知法犯法、以官欺民，已严重损害朝廷形象；进谏后，因为朝廷只是予以轻罚，刘安世又继续上谏，表示倘若对官员有所包庇，何以维护法律权威、显示惩戒之力？他请求朝廷对于此类行为严惩不贷，以“稍正国体”，从而令“天下信服”。

后来，刘安世被提拔为左谏议大夫。当时，宋哲宗还没选立皇后，民间传言宫中征求婢女。刘安世便上疏劝谏小皇帝，趁年轻要勤研经史，多向大臣学习古今治乱之道，不要沉溺于女色。哲宗俯首不语，高太后只好回复称并无此事、纯属谣传。

《宋史》本传称，刘安世“仪状魁硕，音吐如钟”，“在职累岁，正色立朝，扶持公道”。刘安世认为，“见乱法之臣而不能正”，便是辜负了“职事当然”的责任感和赤诚的报国之志（《尽言集》）。与他同时代的学者王绹在《尽言集跋》中这样评价刘安世：“言官之楷模，辅弼之龟鉴，卿士大夫之药石。”

不受利诱　不惧威逼

元祐八年（1093年），高太后去世，宋哲宗亲政，起用章惇为相，改革派重新得到重用，旧党士人纷纷遭到罢官免职。刘安世受此牵连，一再遭到贬谪，后来更被“投荒”（流放）达七年之久。

绍圣四年（1097年），新党在同文馆置刑狱，审问元祐旧党官员，史称“同文馆之狱”。章惇、蔡卞等人趁机罗织罪名，欲将刘安世置于死地，幸而谗言未被采纳，刘安世被贬至梅州。

贬官途中，章惇等人先是遣人与刘安世会面，胁迫其自杀，未能得逞，又密谋派人一路疾驰追至梅州，伺机刺杀。梅州地方官员闻讯特意赶来报信。刘安世大难临头，依旧面色不改，与众人饮酒谈笑，淡然说了一句“死不难矣”。他徐徐写了几页书信交予仆人，吩咐遵照执行，上面记载的都是一起被贬、有生死之虞的同僚的家事。所幸刺客呕血暴毙，刘安世才逃过一劫。

迁谪瘴疠之地，同行家人大多水土不服，刘安世顾念“使老亲入炎瘴之地，已是不孝”（马永卿《元城语录解》），便努力让自己保持身体康泰，以免家人担忧。此后，他愈发严以自律，不仅主动戒酒，更做到了“家居未尝有惰容，久坐身不倾倚，作字不草书，不好声色货利”（参见《宋史》本传）。

在梅州，刘安世创设了当地第一间书院——梅城书院，亲自招生授徒，把中原兴办教育的做法引入岭南。据清代光绪年间《广东通志》记载，他还建立了一套适用于书院的管理体系，充分发动地方贤达支持，为办学经费提供来源，使梅州文教渐兴，“士习民风翕然丕变”。

刘安世北归之后，梅州人民将书院更名为“元城书院”以示纪念。自此，梅州学风之盛千年不衰，崇文重教、耕读传家的传统深植于客家文化之中，孕育了代代英才。

晚年，刘安世以承议郎之职，致力于治学传道，宾客盈门，士大夫往来不绝，名望极高。宦官梁师成正值得势，手握生杀予夺之权，他企图以高官厚禄、“为子孙后代考虑”为由，劝诱刘安世归附于己。刘安世予以拒绝，并笑着说：“我如果替子孙考虑，就不至于沦落至此了。我想以一个十全十美的‘全人’身份，到黄泉之下去见恩师司马光。”（参见《宋史》本传）

宣和七年（1125年），刘安世预感大限将至，叮嘱家人葬礼从简，不要在灵柩中置放任何东西。他去世后，“诵佛经而哭公者，日数千人”（朱熹《宋名臣言行录》）。

“神凝气敛风趣逸，铁汉端如刘器之。”（袁昶《南园钱公画马歌为榕全尚书作》）从政为官，“诚”字至简，却也至难。刘安世以其讲真话、进

明代崇祯年间，当地人民在梅州古城北门城楼上建“铁汉楼”以示尊敬。图为《梅县大观》中的铁汉楼旧照（肖文评　摄）

直言、以“诚”奉公的政治实践，证实了“诚”与“廉”的相通之处：只有正心诚意，摒除私欲，才能做到公正廉明，清风特立；只有尽心尽责，至诚而无畏，才能不受利诱，不惧威逼，经得起淬炼。

评说刘安世

刘安世之所以为后世称道，正野史各载的一件事足以说明问题。

正史见《宋史·刘安世传》，云其尝从学于司马光，“光教之以‘诚’，且令自不妄语始”。野史见《玉堂嘉话》，载有他的一句话：“说得一丈，不如行取一尺。”这句话出自多人之口，追根溯源的话，大抵要到刘安世这里。

司马光是非常看重“诚”的，他认为：“君子所以感人者，其为诚乎！欺人者不旋踵人必知之，感人者益久，人益信之。”对一个官员而言，“诚意以行之，正心以处之，修身以帅之，则天下国家何为而不治哉？”刘安世继承了老师的这一衣钵，从不说假话、秉公行事做起。诚，对当时相当部分的官员来说，当然是个难以企及的要求。如宋真宗时王钦若每一奏事，“或怀数奏，出其一二，其余皆匿之”。为什么要准备几个版本？因为哪个“己意称圣旨”，才把哪个拿出来。有一次，同僚不知是刚好发现还是有意戳穿，当着真宗的面说他：“怀中奏何不尽出之？”

“说得一丈，不如行取一尺”，就更加振聋发聩了。谁要是编纂一册从古到今的中国漂亮话大全，必可洋洋大观。刘安世针对的正是那些“天桥把式”，讲起来天花乱坠、唾沫横飞，却是“光说不练”。至于“口谈道义，而身为沽贩；气凌公卿，而利交市井；畜养污贱，而弃远妻孥”，典型说一套做一套的，今天早已被冠以“两面人”，更加可鄙了。刘安世“在职累岁，正色立朝，扶持公道”，尤其“面折廷争”之时，“旁侍者远观，蓄缩悚汗，目之曰‘殿上虎’，一时无不敬慑”。其所践行之“行取一尺”，由此可窥一斑。

“家居未尝有惰容，久坐身不倾倚，作字不草书”，如果说那还只是刘安世的个人修养，那么，“不好声色货利”，就是为官清廉的基础了。刘安世晚年时，大权在握而“能生死人”的梁师成，派人前来请他重新出山，以“为子孙计”诱之，他笑了：“吾若为子孙计，不至是矣。”刘安世的这种心态和境界，或令古今多少官员感到汗颜。

［史鉴］

安世仪状魁硕，音吐如钟。初除谏官，未拜命，入白母曰：“朝廷不以安世不肖，使在言路。倘居其官，须明目张胆，以身任责，脱有触忤，祸谴立至。主上方以孝治天下，若以老母辞，当可免。”母曰：“不然，吾闻谏官为天子诤臣，汝父平生欲为之而弗得，汝幸居此地，当捐身以报国恩。正得罪流放，无问远近，吾当从汝所之。”于是受命。在职累岁，正色立朝，扶持公道。其面折廷争，或帝盛怒，则执简却立，伺怒稍解，复前抗辞。旁侍者远观，蓄缩悚汗，目之曰“殿上虎”，一时无不敬慑。

——元·脱脱等《宋史·刘安世传》

［诗鉴］

时平谋帅重，侍从辍名卿。龙种三千骑，虬髯十万兵。
红莲王俭幕，细柳亚夫营。列道诸侯谒，还乡故老迎。

——北宋·彭汝砺《送刘器之待制知真定府》（节选）

文史当年共讲磨，扁舟此地复经过。
流年屈指梦相似，白发论心喜倍多。
寄眼偶怀梁苑雪，临风犹骇洞庭波。
从今燕坐参空寂，却笑天人被佛魔。

——北宋·李昭玘《赠故人刘器之待制》

『冷面寒铁』周志新 植善锄恶履职兢

周新（？—1413），原名周志新，字日新，广东广州府南海县人，明代官员。洪武年间以诸生身份进入太学，建文元年（1399年）以乡贡进士任大理寺评事，后历任监察御史、云南按察使、浙江按察使等职。他嫉恶如仇、铁面无私、耿直敢言，人称“冷面寒铁”。为官清廉，善于断案，任浙江按察使期间屡屡为民申冤，广受百姓称颂。死后被浙江百姓供奉为城隍神，数百年香火不断。

周新像（简仁山 作）

在繁华的广州市越秀区北京路南端，有一条名为“仰忠街”的内巷，它大隐于市，在闹市的喧哗中显得分外安静。仰忠街原名“高第里”，之所以改名，是为了纪念明朝时曾诞生在这里的一名刚正不阿、智谋双全、勤政廉洁的断案高手——周新。

周新，明代广州府南海县人，原名周志新，因明成祖朱棣常直呼其为“新”，因此他便以“新”为名。周新历任福建巡按御史、北京巡按御史、浙江按察使等职，从事刑事、监察、治安等工作。他善于断狱，因其铁面无私、耿直敢言、揭露时弊而被人称为“冷面寒铁”。后来，周新遭权贵陷害饱受折磨，却依旧坚持擒治奸恶的为官准则，最终因触怒明成祖被枉杀身亡。他临死前仍高呼：“生为直臣，死当作直鬼！”周新去世后，其事迹一直在民间广泛流传，在他曾任按察使的浙江，百姓更是将他拥立为城隍神，世代供奉祭奠。

正直敢言　尽心辅佐

浙江杭州，吴山风景区里草木葱茏，一座古朴威严的城隍庙默然屹立，香客络绎不绝。庙中的周新塑像，面目威严，器宇轩昂。

据明人黄佐所著《广州人物传》记载，周新年少时，已好学能文、气度非凡，遇事不平则鸣，凌厉如老成之辈。亲友偶有过失，周新都毫不客气地严肃指出。在他看来，真正的良师益友，是能指出他人过失的人，而非只懂得阿谀胡谄之辈。

明洪武年间，周新以乡贡进士被授为大理寺评事，由此踏上仕途。明成祖朱棣即位后，周新改任监察御史，上可弹劾官员，下可为民申冤。在考察吏治、侦办案件过程中，周新精明能干，刚直敢言，弹劾官吏不避其身份背景，“知无不言，言无不尽”。自此，朝中权贵重臣对周新都十分忌惮，“冷面寒铁”的绰号就这样流传开来（参见彭森《冷面寒铁公传》）。

周新还多次直言不讳地指出朝廷政策上的疏漏，尽心辅佐治理。在明洪武、永乐两朝，由于天下初定，武官时常居功自傲，凌驾于地方文官之上，对其恣意欺凌，羞辱谩骂。永乐元年（1403年），时任福建巡按御史的周新上疏指出，长此以往不利国家稳定，都、司、卫、所各级武官不能欺辱府、州、县各级文官，同等官阶的各级文武官员相见时须用平等礼节。此外，周

城隍庙中的周新塑像（杨道来　摄）

新还提出，原来在地方上宣读诏书的程序，可能造成敛收钱财、宴请扰民的后果，建议统一改为在官府内举行。

次年，周新转任北京巡按御史。当时朝廷规定，凡是在北京犯下罪行理应流放者，可蒙皇恩免罪，发配至城外耕种闲田。但在执行过程中，由于相关文书必须先送到国都南京审批，文件两地往来须等候数月之久，涉事罪犯大多已因为饥馑、困病等原因死在狱中。周新再次上疏，主张今后北京流徙的罪犯，直接由本地官员处理，无须进行烦琐的异地审批流程，消除长期关押囚犯导致的潜在隐患，体现朝廷对罪犯的宽恤之恩。此举使许多囚犯得以存活。

久而久之，周新凭借其忠耿、恳切的态度受到皇帝的欣赏，凡是周新的奏议，朱棣“无不允”（《明史•周新传》）。

平冤昭雪　爱民为本

周新以“善于断狱”著称，他经手查办的案件，无不“谳狱平允，莫有称屈”（《冷面寒铁公传》）。而在民间，周新更是以见微知著、善断疑案的判官形象，为百姓所津津乐道。对此，冯梦龙《智囊全集》、黄瑜《双槐岁抄》、张岱《西湖梦寻》等文学作品记录颇多，这些故事无不寄托着古代民众对周新的赞誉和对“青天不灭”的渴望。

民间流传的关于周新断案的传说，大都发生在浙江。永乐三年（1405年），周新被提拔为浙江按察使，主管全省刑狱和监察。当时，浙江的冤案堆积如山，许多被拘禁已久的受冤百姓听说周新即将到任，纷纷喜不自胜，欢呼道：“我得生矣！”随着周新的上台，许多悬案得以水落石出，无辜者也平冤昭雪。

《明史•周新传》就记录了这样一桩案子：周新上任刚进入浙江地界时，就发现成群的蝇蚋围着所骑的马头缠飞，嗅觉敏锐的他认定其中必有蹊跷。他追溯飞虫来源，果然在密林中发现一具尸体，并在其身上搜到一枚木印。周新仔细查验，发现该木印是用于戳盖在布匹上作标识的印章，推测死者是一名布商，被强盗劫财害命。到达任所后，周新立即派人秘密购入各色布料，比对布上的印迹，又细细审查印迹相似的布商，果然就找到了假扮布商、夺其财产的凶手。

城隍庙内外两侧墙壁上，雕刻有反映周新勤政爱民、刚正不阿的故事（杨道来　摄）

类似的案件，经周新之手告破的屡见不鲜，众人为之叹服。《广州人物传》总结道，周新施政“以爱民为本，泽及无告”，他凭借一颗爱民之心秉公执法，实事求是，让无论贫富尊卑之人都能求得公平。在周新的努力下，当地监狱几近空置，百姓夜不闭户，连三尺童蒙都传唱周新的贤能故事。

同时代的皇家档案《永乐实录》，还记载了周新为民请命、维护一方安定的奏疏。永乐十年（1412年），浙西多县连年遭受水灾，主政官员赵居任隐瞒不报，周新上奏弹劾，恳求朝廷派遣专员查验当地粮产歉收、饥民死亡情况，争取免除当地粮米税收。出于对周新的信任，朱棣下令调查，使浙西百姓及时获得赈济，瞒报的官员也得到了应有的惩罚。

周新在任上时，还遇到嘉兴盗匪倪弘三起兵造反，劫掠邻近州县，来势汹汹，让朝廷吃了多次败仗。周新亲自出谋划策，对其围剿驱逐，先在各处港汊钉上木栅，封锁水路，又派遣壮勇之士在陆路穷追不舍，最终生擒倪弘三，保障了郡县人民的安定生活。

举廉惩贪　至死不屈

周新为官清廉，生活简朴，以“廉使”之美誉名闻天下（《明史•周新传》）。据《冷面寒铁公传》所载，有人曾给周新家中送去一只烤鹅，家人推辞不得，只能收下。周新得知此事后，坚决不收，还将烤鹅悬挂示众。凡是有人再给他送礼，周新都指着这只烤鹅作例，表明他既不收礼，更不会放任此种歪风。

周新之妻早年靠缝纫手艺补贴家用，哪怕是周新官路通达后也依然如此。一次，她赴丈夫同僚内宴时，身着荆钗布裙，如同普通田家农妇一般，让宴席上其他奢华打扮的官夫人自觉惭愧，一同换成朴素的服饰。

在惩治贪官方面，周新曾“便衣查案”，为了调查某县令涉嫌贪污腐败的案子，他甚至故意伪装成犯人入狱，以便向囚犯询问细节。搜寻到县令犯法的证据后，周新毫不留情地弹劾罢免了此人。从此，地方上的官吏听闻周新名号，皆闻风战栗，不敢任性妄为。

另一方面，对于廉洁奉公的官员，周新则不遗余力地予以支持。钱塘知县叶宗行为官“廉能”，有“钱塘一叶清”的美名。周新前往他家，发现叶家“居无长物”，仅有一包家乡寄来的太湖鱼干，便对叶宗行的官品大为赞赏。后者备受鼓励，执政愈发清廉，却不幸逝于任上。周新惊闻噩耗，痛心不已，亲自为其撰写祭文“惟钱塘之江水，与君万古而俱清”，以彰其廉洁（参见《广州人物传》）。

刚直的周新，最终遭人陷害，蒙受冤屈而死。当时，一名千户（武官名）在浙江境内欺压百姓、肆意索贿，周新下令将此人依法处治。该名千户用计窜逃，并向锦衣卫指挥纪纲求救。纪纲为人毒辣，恶贯满盈，经常仗着皇帝的器重肆意欺压百姓乃至朝廷命官。他在朱棣面前诬告周新，将周新押送至御前亲审。

进京途中，纪纲唆使心腹对周新用尽酷刑，将其折磨得体无完肤。然而，周新毫无惧色，他伏跪在大殿玉阶前，向皇帝高声抗辩：“臣奉陛下诏为按察使，尽心履行擒治奸恶的责任，为何怪罪于我？”由于纪纲污蔑在先，周新的态度惹得朱棣勃然大怒，一气之下决定处死周新。临刑前，周新仍大声疾呼：“生为直臣，死当作直鬼！”

很快，朱棣查明真相，周新乃是蒙冤遇害，他对此懊悔不迭，不禁感叹："岭外乃有此人，枉杀之矣！"（《明史•周新传》）。

明成化年间，《杭州府志》将周新列入"名宦"，称赞他"发奸擿伏，聪察如神，以激浊扬清、伸冤理枉、植善锄恶为己任"。此后，周新逐渐成为浙江一带民众供奉的城隍主神。

在周新身上，我们可以看到一名优秀廉吏应当具备的品质：公而无私，正直廉洁，才干出众。正如黄佐所言，"新之清风劲节，固不待于此而自可传于不灭也"（《广州人物传》），其举廉惩贪、擒奸除恶的贤德，并不因一时蒙冤而磨灭，反而在其至死不屈之中愈发闪耀，具有超越时代的借鉴意义。这种可贵的精神品质，一如民间对周新百年不断的信仰与崇拜，时至今日仍为民众所期盼和呼唤。

评说周新

刚和柔是性格的两端，这在周新身上，都有淋漓尽致的体现。周新因刚直廉明、大公无私闻名，年轻时已"凌厉如老成之辈"，对亲友之中偶犯过失者都会毫不客气地指出。他担任监察御史乃至被诬告获罪之时，"刚"的性格也没有改变。周新被权贵称为"冷面寒铁"，直到他生命的最后一刻，也仍能高声对着明成祖抗辩："生为直臣，死当作直鬼！"这都是周新人格刚直的体现。

至于"柔"，现代法学家瞿同祖先生曾评论道："周新不仅爱憎分明、赏罚有度，而且在具体办案中心细如发、体察入微，表现出高超的判案技巧。"（《瞿同祖法学论著集》）高超的判案技巧，是周新行事风格里"柔"的一面。他办事观察入微，往往能在流水案牍之中发现不妥之处，例如改良对北京流徙的罪犯处理工作，就使不少罪不至死之人得以存活。周新的"柔"，归根结底是因为其对百姓的爱护，"以爱民为本，泽及无告"。此种"柔"，还见之于他对能奉廉行的同僚惺惺相惜。如他对"钱塘一叶清"叶宗行的帮助，以及得知叶宗行身故，写下了"惟钱塘之江水，与君万古而俱清"来追忆悼念这位知音益友。

“冷面铁寒”的周新刚中带柔，说白了是因为他能做到爱憎分明，决不做那种善变、圆滑、市侩“中庸”的“巧官”。周新的故事被后来的文人学士加工，成为脍炙人口的公案小说，老百姓也奉其为浙江的城隍神，这是对周新为官一任，造福一方的最大肯定，也寄托着民间对“青天不灭”的美好愿望。由此可见，无论历史如何变迁、时代怎样发展，清官廉吏永远会受到人民的崇敬与爱戴，清正廉洁永远是人间正道。

［史鉴］

成祖即位，改监察御史。敢言，多所弹劾。贵戚震惧，目为“冷面寒铁”。京师中至以其名怖小儿，辄皆奔匿。巡按福建，奏请都司卫所不得凌府州县，府卫官相见均礼，武人为之戢。改按北京。时令吏民罪徒流者耕北京闲田，监禁详拟，往复待报，多瘐死。新请从北京行部或巡按详允就遣，以免淹滞。从之。且命畿内罪人应决者许收赎。帝知新，所奏无不允。

——清·张廷玉等《明史·周新传》

［诗鉴］

再莅东南政，才高行弥臧。

致远识骐骥，蟠根别干将。

——明·王褒《送按察使周志新之浙江》（节选）

刚直廉吏卢朝言 冒死“打虎”比青天

卢纶（1475—1564），字朝言，别号望峰，广东广州府增城县（今广东广州增城区）人，明代官员。弘治十五年（1502年）中进士，历任行人，户科、吏科、兵科给事中，四川按察使等职。生性方正坦荡，向来秉笔直谏，敢于同贪腐势力和不法行为作斗争，明武宗时曾弹劾权宦刘瑾，与湛若水、汤文经并称“增城三贤”。事迹多见于《广东通志》《广州府志》《增城县志》等。

卢纶像（杨佳　作）

明武宗正德三年（1508年）六月的一天，紫禁城中发生了一件不寻常的大事：这一天早朝结束后，在皇帝出行所经的御道上忽然冒出一封匿名信，内容为揭发司礼监掌印太监刘瑾的多宗罪行。

司礼监有明朝内府“第一署”之称，而刘瑾是最受皇帝宠信的八个近侍宦官之首，这八个人被时人合称为“八虎”，尤以刘瑾最为狡黠狠毒。刘瑾仗着武宗庇护，专擅朝政，大肆搜刮民脂，公然纳贿勒索，残害忠良，闹得民怨沸腾。得知有人竟敢检举自己，刘瑾大发雷霆，假托皇帝诏命，罚百官长跪于奉天门外，逼迫告发者现身。

众人在烈日暴晒之下跪到天黑，刘瑾仍怒气难消，又将三百多名官员打入酷热难耐的诏狱，交给锦衣卫审讯。次日，大学士李东阳等人上奏求情，加上刘瑾已经获悉匿名信出自宦官内部，与群臣无关，这才宣布释放百官。然而，顺天府推官周臣等多名官员已中暑而死。

在被下狱的人当中，有一位却是神清气爽、安然无恙，他就是与湛若水、汤文经并称明代广东“增城三贤”，以刚直不屈而著称的廉吏卢纶。

明武宗时，因忤逆或弹劾刘瑾而遭到酷刑折磨、削官革职乃至家破人亡的人不胜其数（参见《明史·列传第一百九十二·宦官一》）。而卢纶却并未因此畏缩不前，他在六科给事中任职期间，坚持上奏控诉刘瑾违法乱纪的罪状。那么，这个敢于抗争、冒死“打虎”的粤籍官员，他的命运又会如何呢？

出使安南　参劾权宦

卢纶，字朝言，别号望峰，明代广东广州府增城县人，明弘治年间进士，一生历任行人、给事中、四川按察使等职。据道光《广东通志》、光绪《广州府志》、康熙《增城县志》等史料记载，卢纶儿时不但生得丰采秀异，双眸炯若星辰，而且器宇轩昂，聪慧过人，十二岁时便会作文，每日诵读数千言。

卢纶的科举之路堪称一帆风顺，弘治八年（1495年）他参加乡试考中举人，弘治十五年（1502年）考中进士，尔后被朝廷授予行人一职，隶属于行人司。行人司设于明洪武十三年（1380年），是一个受帝王钦派的特使机构，旗下的行人负责奉命传旨、册封、赏赐、慰问、赈济、祭祀、征聘贤才等事，亦包括出使外夷等外交性工作（参见《明史·职官志三》）。考虑到这个职位需要代表朝廷形象、不辱使命，需要较高的政治素质，因而朝廷往往从新晋进士中选拔人才充任。因此，行人尽管品级不高，却是个“秩虽下而选甚高，禄虽微而任则重”的职位（黄训《名臣经济录·行人司题名记》）。

初涉仕途的卢纶，已经展现出立身端正、不谋私利的廉洁风范。有一次，卢纶受朝廷委派出使安南国（今越南），因才华出众而深受安南君臣敬重。安南人特意以八宝盘作为礼物，私下赠送给卢纶，他婉谢不受。此举使得安南人对他更加敬佩，特意作诗赞誉，诗中有“名树铜关月，清摇桂海风”一句，将卢纶的高风亮节，比作明月清风。

卢纶回朝述职后，受到朝廷提拔，先后出任户科、吏科、兵科给事中一职。六科给事中是明代洪武年间设立的一个独立的监察机构，职权涵盖甚广，涉及诤谏、议政，还有监督与之对应的各部事务、文件往来及百官履职表现的责任。前述匿名信一事，就发生在卢纶任职给事中期间。

当时的刘瑾权势熏天。据《明史》记载，凡内外所进奏章，都要先向他呈报，称为“红本”，经他审阅之后才呈给通政司，称为“白本”。刘瑾利用职权之便，疯狂敛财受贿，大肆卖官鬻爵。一些请求严惩刘瑾等“八虎”的内阁大臣，先后遭到罢黜，或被强制退休，还有许多弹劾刘瑾的人被迫害致死。在刘瑾的纵容和授意之下，冤狱四起，一时间官场人心惶惶，噤若寒蝉。

就在卢纶所在的六科给事中系统里，有人惧于刘瑾的威势，怀揣着弹劾他的奏疏愤然自缢，还有人因为拿不出贿赂他的钱财，或因害怕在办事过程中得罪他而选择轻生。卢纶生性方正坦荡，向来秉笔直谏，“遇事侃侃无所避”。他屡次上书举报刘瑾作奸犯科的行径，却始终没得到批复。为了弹劾刘瑾，他甚至在武宗面前抗旨廷诤，伏地恳请不起，惹得武宗发怒离去。不久后，卢纶被调出京城，前往大同等地核查军饷问题。

严查军饷　减税赈灾

大同是明朝为抵御鞑靼人入侵所设的“九边重镇”之一，是关乎大明王朝北境安危的重地。卢纶在大同等地清查军饷期间，纠察出大量侵吞军饷的违法行为，并一律依照法律秉公查办。卢纶凭借查案时的铁面无私“声震一时”，却也引来朝中权贵的忌惮，被外放为四川参议。

参议是明代各省布政使的下属官员。布政使掌管一省的财政、民政事务，参议则具体分管粮储、屯田、军务、驿传、水利等事宜。卢纶走马上任后，恰逢四川发生大饥荒，灾情告急，饿殍遍野，有人便向当地巡抚、巡按请示开仓放粮，得到的回复却是先将灾情上报朝廷，获得批准后才能执行。情急之下，卢纶表示：“眼下已到饥民生死关头，若申报灾情的文件辗转拖延，岂不令他们陷入无法挽救的绝境了吗？”（“民旦夕且死，若案牍辗转延缓，则索之枯鱼之肆矣！”参见《广东通志》）

卢纶还向众人提到了西汉名臣汲黯（字长孺）。汲黯在视察途中经过河南郡时，眼见当地贫民饱受水旱灾害之苦，竟至于父子相食，情急之下他凭所持的符节，下令开仓赈济灾民。事后在觐见汉武帝时，他主动请求缴还符节，承受假传圣旨的罪责。卢纶声称愿意效仿先贤，一力承担擅自开仓的罪责。他启用库银籴谷，并集中各州县缴纳的赃银和罚款，购得粮食数万石分发给灾民，救活了数十万人。

四川在许多人印象中是物阜民丰的“天府之国”，但卢纶却在实地考察中发现，川中各地土地贫瘠、肥沃程度不均，但百姓却被迫承受同等的差役和赋税。卢纶在详细核实的前提下，对原本简单粗暴的地方征税和派役条令作出了因地制宜的调整。新政令颁布后，减轻了民众负担，博得了万民称道。

关于卢纶的才干，《广州府志》《增城县志》等史料中，还记载了一则颇具传奇色彩的掌故。正德九年（1514年），乾清宫突发火灾，为了修缮营建被烧毁的宫殿，朝廷委派特使入蜀采办木材，由卢纶负责配合。两人在山中寻得罕见的巨木，动用了一万多名工人用挽车搬运。运输途中，民力告竭，而木材距离水运的地点还有三百里。就在众人焦虑万分之时，卢纶通过观察天象，推测暴雨将至，于是便作了相关布置。不久之后，果然雷雨大作，江水暴涨，高出平时丈许，木材竟然顺流而下。过了几天，下游传来消

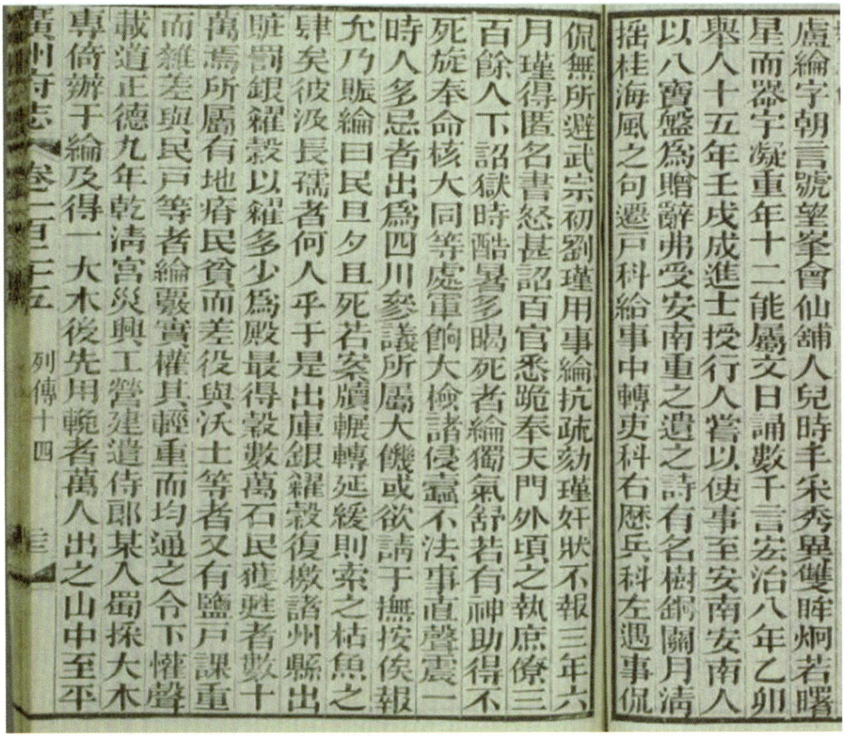
盧綸字朝言號望峯會仙鋪人兒時丰采秀異雙眸炯若曙
星而器宇凝重年十二能屬文日誦數千言宏治八年乙卯
舉人十五年壬戌成進士授行人嘗以使事至安南安南人
以八寶盤爲贈辭弗受安南重之遺之詩有名樹銅闌月清
搖桂海風之句遷戶科給事中轉吏科右歷兵科左遇事侃
侃無所避武宗初劉瑾用事綸抗疏劾瑾奸狀不報三年六
月瑾得匿名書怒甚詔百官悉跪奉天門外頃之執庶僚三
百餘人下詔獄時酷暑多暍死者綸獨氣舒若有神助得不
死旋奉命核大同等處軍餉大檢諸侵盜不法事直聲震一
時人多忌者出爲四川參議所屬大饑或欲請于撫按俟報
允乃賑綸曰民旦夕且死若案牘輾轉延緩則索之枯魚之
肆矣彼汲長孺者何人乎于是出庫銀糴穀復檄諸州縣出
贓罰銀糴穀以糴多少爲殿最得穀數萬石民獲甦者數十
萬焉所屬有地瘠民貧而差役與沃土等者又有鹽戶課重
而雜差與民戶等者綸覈實權其輕重而均適之令下懽聲
載道正德九年乾清宮災興工營建遣侍郎某入蜀採大木
專倚辦于綸及得一大木後先用輓者萬人出之山中至平
廣州府志 卷一百二十五 列傳十四 三

清代《广州府志》书影

息，木材已经漂到彝陵（今湖北宜昌）境内了。卢纶也因为此事，受到了武宗嘉奖赏赐。

平定流寇　秉公执法

卢纶因在四川参议任上政绩出众，被朝廷提拔为四川按察副使。在他率兵驻守四川夔州（今重庆奉节）一带时，当地流寇众多，而负责维持治安的千户（官名）文献却在暗中招揽亡命之徒，意图不轨。卢纶经过缜密部署，指挥部队诛杀文献，清剿贼寇，维护了境内的社会秩序，保障了人民生活的安宁。此后，卢纶被提拔为四川按察使。

此时，朝局已发生翻天覆地的变化。权宦刘瑾被诛，大学士杨廷和于正德七年（1512年）出任首辅。明武宗崩后，明世宗朱厚熜继位。在此期间，杨廷和一度总揽朝政，厉行改革。杨廷和是四川人，他老家的亲戚子弟仗着他的权势横行乡里，被卢纶绳之以法。杨廷和为此向卢纶求情，卢纶不为所动。杨廷和因此衔恨于心，后来罗织罪名罢免了卢纶。

嘉靖元年（1522年），匪首黄雪梅在增城起兵作乱，兵备道王大用领兵镇压。当时已经致仕回乡的卢纶积极出谋划策，协助官军擒获了黄雪梅，匪患由此得以平息。

回到增城的卢纶深居简出，谢绝士绅邀约，三十余年没有迈进省城广州，许多人都只闻其名而未曾见过其人。他平时事母至孝，每天晨起问安，亲自侍奉年迈的母亲进食，不假手于他人。卢母过世后，他悲痛不已，素食三年，不见欢颜。

此外，卢纶每天早起后，必定穿戴整齐去家庙祭拜，回来后就教家中子侄读书。他教导晚辈，“读得一尺，不如行得一寸”，读书人要知行合一，付诸行动，不要因为懒惰而放松了修行。因为他的兄弟早逝，卢纶便像对待自己的孩子那样抚养诸侄，为他们操持嫁娶，还把祖传的田宅分给他们。由于卢纶的品德一向为乡邻所信服和敬重，许多人凡有诉讼争执，都愿意来请卢纶出面主持公道（参见《增城县志》）。

嘉靖四十三年（1564年），卢纶在家乡逝世，享年八十九岁。为了纪念卢纶，增城士民将其纳入乡贤祠祭祀之列。据说，其后代也多为持家守业的贤能之人。

卢纶的一生虽谈不上惊天动地，可圈可点之处却很多。他不仅在赈灾等危急关头勇于担当，还在地方治理上颇有作为。特别令人起敬的是，在刘瑾、杨廷和得势之时，他两度不计个人前途和利害得失，守公持正，严格依法办事，敢于同贪腐势力和不法行为作斗争。他的忠耿尽职赢得了内阁大臣梁储的称赞，被誉为“谔谔一砥柱也”（《增城县志》）。

《韩诗外传》有云：“有谔谔争臣者，其国昌；有默默谀臣者，其国亡。”卢纶的廉正品行是任何时代都需要传承和发扬的，而他的事迹还亟待进一步的挖掘和整理，以供今人追思先贤，洁身自省。

评说卢纶

增城卢纶，与唐代诗人卢纶同名同姓，然正史中无传，其事迹见诸实录、方志等。作为廉吏，卢纶勇于任事，能胜任各种类型的工作，堪称干吏能员。他在大同打贪，“直声大震，人多忌之者”，在四川理政，则“一时被惠者，欢声载道”。监运修理皇宫的巨木，他会巧妙地利用河水暴涨之机，最终节省了人力、物力和时间。他在治军筹谋方面也有佳绩，通过方志中“俱勒兵诛之”“设法擒杀贼首黄雪梅，诸余党皆殄戮”等只言片语，可见其人风采。

我们更多能看到的是卢纶“谔谔一砥柱也”的一面。正德年间，卢纶冒死具奏弹劾当时权势熏天的阉官刘瑾，即使有忤旨之嫌，也未曾顾及个人的身家性命。嘉靖年间，卢纶为四川按察使，秉公办理当朝首辅杨廷和的家人犯法一案。前者使得其外放为官，远离朝廷数年；后者则导致了其在正要大展身手的壮年，提前退休。

《孟子·公孙丑下》有云：“得道者多助，失道者寡助。”只手遮天的刘瑾将卢纶赶出京师，看似一时得志，但是没过几年，就因同党告发，被朝廷以反逆之罪寸磔（凌迟）处死。这名中国历史上最臭名昭著的巨贪之一，最终落得个受人唾弃的下场。

与之形成鲜明对比的是，在宦游生涯里，卢纶“居庙堂之高则忧其民，处江湖之远则忧其君”，得享八十九岁高寿。虽然在正史中没有留下传记，但作为明代“增城三贤”之一，卢纶生前爱民廉洁的品行，早已深入当地人心，老百姓将他入祀乡贤祠，奉为千秋榜样，万古流芳。

【史鉴】

卢纶，字朝言，号望峰，会仙铺人。儿时丰采秀异，双眸炯若曙星，而器宇凝重。年十二能属文，日诵数千言。宏（弘）治八年乙卯举人，十五年壬戌成进士，授行人。尝以使事至安南，安南人以八宝盘为赠，辞弗受。安南重之，遗之诗，有“名树铜关月，清摇桂海风”之句。迁户科给事中，转吏科右，历兵科左，遇事侃侃无所避。

——清·戴肇辰等《广州府志》

忠简之士陈子壮 刚正不阿浩气长

陈子壮（1596—1647），字集生，号秋涛，广东广州府南海县（今广东广州白云区）人，明代爱国诗人、抗清志士。万历四十七年（1619年）探花，授翰林院编修，后弃文从武，扛起抗击清军、守卫岭南之重任。崇祯年间任礼部右侍郎，后历任南明弘光政权礼部尚书、永历政权东阁大学士兼兵部尚书，总督广东、福建等地军务。1647年2月与陈邦彦、张家玉等起兵抗清，兵败被俘后宁死不屈，于1647年11月被磔死于广州东郊，追赠番禺侯，谥“文忠”。

广州陈大夫宗祠前的陈子壮像（黄楚旋　摄）

在广州白云区金沙街沙贝社区，历史上曾经出现过一个赫赫有名的书香世家——沙贝陈氏。从南宋陈氏始祖入粤至明末，陈氏家族名儒显宦层出不穷，留下了“一门七进士，四代五乡贤”的佳话。

而在陈氏家族名人之中，名声最隆、最受人景仰的，当属明末著名爱国诗人、抗清志士陈子壮。陈子壮，字集生，号秋涛，明代广东广州府南海县人。万历四十七年（1619年）中进士，授翰林院编修，崇祯年间曾任礼部右侍郎，后在南明弘光政权任礼部尚书、永历政权任东阁大学士兼兵部尚书等职。在风雨飘摇、动荡混乱中，他始终一身正气、廉直刚烈，为治国安邦殚精竭虑。

志在匡世　不阿阉党

只要是来过沙贝社区的人，一定会对社区内一座硬山顶式的古朴祠堂印象深刻。这就是始建于明嘉靖年间、后历经多次修复的宋名贤陈大夫宗祠。祠堂门口，立有一尊由著名雕塑家唐大禧创作的陈子壮铜像，塑像中的陈子壮身着戎装，单膝跪地，接过象征抗清使命的尚方宝剑，神情显得格外凝重、悲壮。

如今的陈大夫宗祠也是陈子壮纪念馆所在地，馆中有一副对联："幼读万卷书，探花中式，卅年柱石辅朝廷，功勋留史册；晚统五省兵，抗清扶明，百战沙场断躯体，浩气贯云天。"这副对联堪称是对陈子壮文武双全、忠义一生的最佳概括。

明神宗万历二十四年（1596年），陈子壮在广州呱呱坠地。他的父亲陈熙昌为进士出身，曾授浙江嘉应府平湖知县，擢吏科给事中，赠太常寺少卿，母亲知书达礼，伯父陈熙韶也官至广西思恩知府。

陈子壮自幼受到良好的家庭教育，擅长诗文，很小就有神童的美名。相传，有一晚，其父陈熙昌在家中设宴赏月。当时夜色朦胧，轻云蔽月，有客人见此情形作诗曰："天公今夜意如何？不放银蟾照碧波。"年幼的陈子壮随口吟诗作答："待我明年览上苑，探花因便问嫦娥。"诗中流露出的敏捷才思和远大志向，引得众人惊叹。

明神宗万历四十七年（1619年），陈子壮赴京赶考，在殿试中果然获得进士一甲第三名，也即探花及第，正好应了"探花因便问嫦娥"一句。随后，他被朝廷授予翰林院编修一职。

明熹宗天启年间（1621—1627年），东厂太监魏忠贤仗着皇帝宠信，飞扬跋扈，诛除异己，致使朝政日趋黑暗。陈子壮为官之余，既钻研匡时济世之道，著就了《经济言》等作品，同时也多次作诗对阉党当道、祸乱朝纲的现象进行揭露和鞭挞，表现出不愿随波逐流、曲意逢迎的立场。

天启四年（1624年），陈子壮在担任浙江乡试主考官时，不顾危险，以"论历代宦官之祸"为试策命题。乡试结束回朝后，他又写下一篇文章呈给皇帝，文中旁征博引，历数各朝宦官乱政的前车之鉴，以示警醒。

魏忠贤对陈子壮十分忌恨，但见其才华出众，又有意拉拢，便派人请他为新建的宅邸书写"元勋"二字作为匾额，还私下授意："书此二字，可得好官。"不料，陈子壮全然不为所动，断然予以拒绝，并将来人赶走。魏忠贤闻讯勃然大怒："何物陈子壮，竟敢逆我意！"他遂安排党羽，诬告陈子壮在浙江主持乡试时所说"庸主失权，英主揽权"等言辞意在诽谤明熹宗。此时，陈子壮的父亲、时任吏科给事中陈熙昌也因上疏弹劾宦官贪墨弄权，得罪了魏忠贤，父子二人一同被罢官，削籍为民，黯然返回广州。

秉公执言　仕途多难

明熹宗驾崩，明思宗（崇祯皇帝）即位后，大力肃清阉党，魏忠贤上吊自尽。陈子壮被重新起用，随后升为礼部右侍郎，但他不畏权贵、秉公执言的个性却并未改变。

根据《明史•陈子壮传》及王夫之《永历实录》记载，崇祯八年（1635年），崇祯皇帝为了巩固统治、罗致人才，下诏宣布，凡郡王子孙中有文武才智可堪任用者，可通过“考验”授官。也就是说，宗室子弟只要“考验”合格，可以不经过正常的任职途径获得提拔。

对此，陈子壮坚决反对，上疏请求朝廷收回诏令。他指出，虽然朝廷的初衷意在招贤纳士，但此举无异于向王孙贵胄打开了一道“侥幸之门”，严重影响了人事任免制度的公正廉明。而且宗室子弟素来养尊处优，不知民间疾苦，贸然为官，只会徒增民苦，损害百姓利益。结果，陈子壮不仅惹恼了崇祯皇帝，还遭到藩王、宗室势力的诋毁，他被冠以“有悖祖训、离间皇族”的罪名投入监狱，幸得朝中正直官员营救，才保住性命。

出狱后，陈子壮再度被罢职还乡。他定居于广州城北的白云山，每日寄情诗酒，组建南园诗社。然而每当谈及时事，他总是难掩忧国忧民之心，时常叹息流涕。

崇祯十五年（1642年），朝廷再次起用陈子壮，但他以侍奉母亲为由，没有赴召。两年后，李自成率领的部队攻破北京，崇祯皇帝在煤山自缢。陈子壮闻讯悲痛至极，率领广州缙绅在光孝寺哀悼，“泣血几死”。

另据《广州通志》记载，就在陈子壮乡居期间，广州及邻近数县发生大灾荒。陈子壮配合官府，带头捐资救济，又四处奔走筹款筹粮，组织人手在广州城内设点向饥民施粥，救活了数千人，赢得官民一片称颂。为了保家卫国，他一边在禺山书院授徒讲学，一边筹饷兴兵，勤加操练。

晚年的陈子壮辗转投奔明朝宗室在南方相继建立的各个政权。崇祯皇帝死后，清军入关，大举南下。福王朱由崧在南京被拥立为新皇帝，改年号为“弘光”，任命陈子壮为礼部尚书等职。

然而，拥立福王称帝的马士英与阮大铖朋比为奸，独揽大权，教唆国君沉湎酒色。马士英还指示陈子壮为宫廷撰写新词，陈子壮当即变色，凛然回复："神州陆沉，国家多难，身为人臣，本应力佐朝廷励精图治，而你们却引诱国君游宴歌舞，真是'燕雀处堂，不知大厦之将焚啊'！"马士英听后恼羞成怒，从此对陈子壮刻意打压、处处掣肘（参见陈伯陶编《胜朝粤东遗民录•陈文忠公行状》）。

1645年夏，清军攻破南京，弘光政权覆灭。不久，唐王朱聿键在福州称帝，定年号为"隆武"。但隆武政权也仅仅存在了一年多，便随着清军攻陷福建而宣告灭亡。

宁死不屈　壮烈殉国

1646年底，陈子壮与丁楚魁、吕大器等人拥立永明王朱由榔在广东肇庆称帝，改年号为"永历"，史称永历政权。与此同时，唐王的弟弟朱聿𨮁称帝于广州，建元"绍武"。当永历政权和绍武政权为各自的正统合法性同室操戈时，清军趁机长驱直入，攻陷广州，绍武政权被清军消灭，永历皇帝也在清军进逼下逃往广西，抗清形势日趋严峻。

陈子壮被永历朝廷任命为东阁大学士兼兵部尚书，总督广东、福建、江西、湖广等地军务。他与弟弟陈子升散尽家财，集资募兵，联合陈邦彦、张家玉等领导的义军，相互应援，联合狙击清军。他们又计划集结战船水师进攻广州，可惜战败，陈子壮长子陈上庸也在战斗中壮烈捐躯。

1647年，陈子壮被迫退守高明，组织军民日夜坚守。清军偷掘地道入城，用炸药炸毁了城墙，陈子壮率部浴血奋战，最终还是兵败被俘，被押送至广州。

明朝叛将、时任清军两广总督的佟养甲见到陈子壮时，呵斥他跪下。陈子壮岸然傲立，不肯下跪，厉声说道："我为朝廷大臣，头可断，膝不可屈！"佟养甲又想利用他与陈子壮往日的交情劝降，对他说："明朝气数已尽，何必逆天而行？"陈子壮答道："我虽不敢谈论天命，但深受国恩，当以死相报。"佟养甲告诉他，如果投降，不仅可以活命，还可以大富大贵，如不投降，则陈家将面临灭族之灾。陈子壮嗤之以鼻，从容表示："但求死

陈大夫宗祠大堂正中摆放着陈子壮塑像（黄楚旋　摄）

得其所。”佟养甲又在其面前杀死被俘的抗清义军首领麦而炫、王鼎衡等六人，更以陈子壮幼子性命相要挟，逼他变节。奈何陈子壮心意已决，对着佟养甲又笑又骂，说道：“权操汝手，不在子壮。”

佟养甲逼降不成，决定在广州将陈子壮处以惨无人道的“锯刑”，为了杀一儆百，行刑时还特意召集众人围观。当时，雷雨大作，陈子壮血流如注，依然骂不绝口。陈子壮就义后，其母闻讯自缢身亡。南明永历皇帝命人祭祀，追赠其为太师、上柱国、中极殿大学士、吏兵二部尚书、番禺侯，谥号为“文忠”（参见陈伯陶编《胜朝粤东遗民录·陈文忠公行状》）。

陈子壮的忠肝义胆也感染了清朝的统治者。乾隆皇帝在表彰前朝殉节忠臣时，就曾专门为陈子壮题写一块“忠简”二字匾额，并以御笔题诗一首：“早敦直节，晚抗军锋，白刃无辞，丹心堪悯。”

正如乾隆诗中所言，陈子壮早先以勇于诤谏、刚正不阿的“直节”著称，晚年临危受命，弃文从武，扛起保家卫国的重任，直到身死殉国。陈子壮身处明朝末年，虽然生不逢时，未能充分施展自己的治世才情，但他为了国家和民族竭尽忠诚、清廉守正、不惧威逼、不受利诱的精神，使得其成为超越时代的不朽传奇，流芳百世。

评说陈子壮

陈子壮的事迹，“发策刺阉竖”亦即开罪魏忠贤之外，大抵与拥立南明小朝廷及抗清密切相关。但是从一些细节中，也着实不难推断出他的“三观”。

其一，魏忠贤曾有意拉拢他，请陈子壮为他新建的宅邸书写“元勋”两个字作匾额，许诺“书此二字，可得好官”。而陈子壮全然不为所动，且将来人赶走，令魏忠贤勃然大怒：“何物陈子壮，竟敢逆我意！”魏忠贤嘴里的所谓“好官”，显然不是循吏，不是奉职守法、清廉贤能的官员，而是肥差。此前，宋朝有两个官员说的话便很有代表性。一个是邓绾，他说：“笑骂从汝，好官须我为之。”这是属于为了能当上自己心目中的好官，连廉耻都可以抛弃的一类。另一个是曹彬，他说：“好官亦不过多得钱耳，何必使相也。”这是属于当什么官是次要的、能弄来多少钱是主要的一类。在所谓“好官”就摆在眼前的情况下，陈子壮丝毫不受诱惑，其廉洁自律以及刚正不阿的一面凸显无遗。

其二，陈子壮兵败被俘后，先有李成栋“亲为释缚舆车，具宾主礼”，而陈子壮“谈笑引满，举止如尝”，跟平时并没什么两样。再有佟养甲发出许诺：“汝降生且富贵，否则族。”投降的话，不仅能活命，而且还能享受荣华。对此，陈子壮的回答是：“但求死所耳，他非所计也。”貌似轻描淡写，实则凸显陈子壮大义凛然、视死如归的一面。在生与死、“生且富贵”的抉择面前，最能检验一个人的“三观”成色。陈子壮经受住了这种检验。

明朝嘉靖、万历时的海瑞，时人评价“不怕死，不要钱，真是铮铮一汉子”。这样的人物，历朝历代皆有，皆不乏人。以同朝而言，陈子壮便堪称其一。

［史鉴］

崇祯初，起子壮故官，累迁礼部右侍郎。流贼犯皇陵，帝素服召对廷臣。子壮言："今日所急，在收人心。宜下罪己诏，激发忠义。"帝纳之。乃会诸臣，列上蠲租、清狱、使过、宥罪等十二事。帝以海内多故，思广罗贤才，下诏援《祖训》，郡王子孙文武堪任用者，得考验授职。子壮虑为民患，立陈五不可。会唐王上疏，历引前代故事，诋子壮，遂除子壮名，下之狱，坐赎徒归。久之，廷臣交荐，起故官，协理詹事府。未上，京师陷。

——清·张廷玉等《明史·陈子壮传》

［诗鉴］

惊座才名久，先皇擢第三。
风流奄晋代，诗雅继周南。

——明·何吾驺《送陈集生奉使祀南海道八平湖省觐尊公因将毋及仲氏归里十首　其二》（节选）

柱折并维裂，畴当复幸生。
独扶天地力，捐縻有余馨。
位置第一流，自言公惭卿。
早秉史臣笔，并著谏臣名。

——明·欧主遇《忆南园八子　其一》（节选）